Miguel Torres Morales

Textos secundarios

Prüfungstexte für die Oberstufe im Fach Spanisch mit Handreichung

Schmetterling Verlag

Bibliografische Informationen Der Deutschen Nationalbibliothek
Die Deutsche Bibliothek verzeichnet diese Publikation in der Deutschen Nationalbibliografie; detaillierte Daten sind im Internet über http://dnb.d-nb.de abrufbar.

Schmetterling Verlag GmbH
Libanonstr. 72 A
70184 Stuttgart
www.schmetterling-verlag.de
Der Schmetterling Verlag ist Mitglied von aLiVe.

ISBN 3-89657-955-X
1. Auflage 2022
Printed in Germany

Satz und Reproduktionen: Schmetterling Verlag
Druck: WIRmachenDRUCK

Inhalt

Einleitung

Die vorliegende Textsammlung orientiert sich zwar an den thematischen Schwerpunkten der Abiturprüfung im Fach Spanisch in Niedersachsen, aber erfreulicherweise werden die Nutzer, ob Lehrkräfte oder Prüflinge, feststellen, dass die erfasste Themenbreite auch bundesweit von Relevanz ist und es voraussichtlich weiterhin sein wird.
Mittlerweile kann man von einem Kanon für die Oberstufe ausgehen und das entsprechende didaktische Angebot bietet Handreichungen, Unterrichtshilfen und Zusatzmaterialien, die die Behandlung der Themen wesentlich erleichtern. Die Prüfungstexte dieser zentralen Vorgaben werden für die thematisch geordneten und vorliegenden Prüfungstexte als Vorlage vorausgesetzt.
Auch die Tatsache, dass die Prüfung zentral gestellt wird, hat die Lehrkräfte vor der Prüfungszeit signifikant entlastet. Trotzdem hängt die Vorbereitung der Prüflinge auf der Zielgeraden häufig von der Kreativität und Findigkeit der Lehrkräfte ab, wobei die thematisch passenden Texte und Übungsmöglichkeiten entweder zu schwierig, zu kurz oder schwer zu didaktisieren sind. Hinzu kommt die Frage des Copyrights, weshalb man häufig darauf verzichtet, eine interessante Quelle als Prüfungsmaterial zu verwenden.
Im vorliegenden Band wurden fiktive Texte zusammengetragen, die die Vorbereitung auf die Abiturprüfung erleichtern sollen. Ich habe sie während meiner langjährigen Auseinandersetzung mit den Pflichtlektüren der Oberstufe verfasst und so konstruiert, dass sie eine gewisse Pointe aufweisen und einen Umfang zwischen 250 und 600 Wörtern nicht überschreiten, sodass sie sich für die Vorbereitung sowohl der schriftlichen als auch der mündlichen Prüfung eignen. Ferner habe ich mögliche Fragestellungen und hinreichende Worterklärungen hinzugefügt, sodass man jeden Text im Rahmen einer Übungsklausur oder einer mündlichen Prüfungssimulation nutzen kann. Selbstverständlich kann die Lehrkraft die Länge der Texte anpassen. Erfahrene Lerngruppen könnten beispielsweise den Auftrag erhalten, eine andere Aufgabenstellung vorzuschlagen. Genaueres dazu wird in der hier ebenfalls enthaltenen Handreichung erläutert.
Der Titel des Bandes, *Textos secundarios*, liegt auf der Hand, denn ich betrachte die Beiträge nicht als Primärtexte. Sie sind vielmehr aus anderen Texten hervorgegangen und für den Spanischunterricht in der Sekundarstufe gedacht. Die historisch/zeitgeschichtlich nicht belegbaren Figuren, Zeugnisse, Rezensionen, Leserbriefe und Einakter, die hier zugänglich gemacht werden, sind weitgehend frei erfunden. Lediglich der Text «Deja a Carmen en paz» ist an das Drehbuch von «Las Cartas de Alou» angelehnt, aber die genauere Betrachtung wird zeigen, dass man diesen Text mit der entsprechenden Szene aus dem Film von Montxo Arméndariz vergleichen kann und Unterschiede ermittelbar sein werden.
Der Schwierigkeitsgrad dieser Texte ist erkennbar, zumal die Fragen im dritten Anforderungsbereich schon eine differenzierende Reflexivität voraussetzen. Je nach Wortanzahl und Umfang der Worterklärungen kann man insgesamt von einem B2- bis C1-Niveau (GER) ausgehen, was dem Abiturniveau entspricht. Dabei darf nicht unterschätzt werden, dass die thematische Orientierung des Faches Spanisch sowohl das Sprachwissen und die Sprechkompetenz als auch das Weltwissen und die interkulturelle Kompetenz der Prüflinge ungemein erweitert.
Fremdsprachenunterricht hatte schon immer einen interkulturellen Schwerpunkt, und heutzutage ist dieser Schwerpunkt zum Thema geworden. Wegen der Pluralisierung der Lernziele sind nicht nur Literatur und Sprache, sondern auch Kultur(-kritik) und Geschichte zum indirekten Gegenstand des interkulturellen Fremdsprachenunterrichts

geworden. Zudem ist laut Bildungsstandards die eigene Prägung zu fokussieren, eine Reflexion über die eigene kulturelle Identität. Dabei wird die Autonomie der Lernenden teilweise in den zu erwerbenden „Interkulturellen Fertigkeiten« impliziert, die im GeR verankert sind:

- Die Fähigkeit, die Ausgangskultur und die fremde Kultur miteinander in Beziehung zu setzen;
- Kulturelle Sensibilität und die Fähigkeit, eine Reihe verschiedener Strategien für den Kontakt mit Angehörigen anderer Kulturen zu identifizieren und zu verwenden;
- Die Fähigkeit, als kulturelle Mittler zwischen der eigenen und der fremden Kultur zu agieren und wirksam mit interkulturellen Missverständnissen und Konfliktsituationen umzugehen;
- Die Fähigkeit, stereotype Beziehungen zu überwinden. (Europarat / Rat für kulturelle Zusammenarbeit, 2001, S. 106)

Im Prinzip kann jede einzelne dieser Fähigkeiten gezielt entwickelt werden, aber der erste Schritt dieser Entwicklung setzt ein Wollen voraus, und zwar die Bereitschaft des Individuums, die eigene Empathie als Kern der eigenen Menschlichkeit zu begreifen. Aus dieser Erkenntnis erwächst die moralische Verpflichtung diese Anlage zu entfalten, sodass aus der intellektuellen Erfassung des Phänomens und der empathischen Arbeit (d.h. aus der Hineinversetzung in die Lage von anderen) ein anerkennendes Verstehen und ein harmonisches Miteinander erwachsen können. Die Fertigkeiten, die im Unterricht eingeübt werden und als Ziele erreicht werden mögen, wären jedoch nicht nachhaltig, wenn sie nur infolge eines Arbeitsauftrags pro forma im geschützten Raum gezeitigt würden. Von daher steht die Lehrkraft zunächst vor der Aufgabe, zugunsten einer stärkeren Lernerautonomie Fremdbestimmung abzubauen. Außerdem wäre es für ein nachhaltiges Lernen sinnvoll, die Interkulturalität sowohl in ihrer konkreten Gegebenheit als auch auf einer abstrakten Reflexionsebene zu problematisieren.

I.

Individuo y convivencia social /

Amores, amantes, amados

Un trago más

Martina: ¿Ya estás tomando otra vez? Eres imposible, Desi.

Desiderio: Es viernes, Martina, y los chicos están durmiendo. ¿Qué quieres? ¿Que me vaya a un bar con los del barrio?

Martina: Sí, preferiría que te fueras con los amigotes. Ya me tienes harta. Comienzas con una cañita y terminas con el ron. Eres un borracho sin remedio.

Desiderio: Déjame en paz, Martina. Yo estoy tranquilo y no te hago nada. Después me duermo como un tronco en el sofá.

Martina: ¿Y tú por qué bebes, eh? Parecería que no eres feliz con tu familia. No somos suficientes para ti. Claro, el señor Desiderio necesita su dosis de alcohol.

Desiderio: ¿Estás buscando pelea, Martina González? Déjame tranquilo. Normalmente me dejas en paz, no quieres saber nada conmigo. Pero ahora se te ha dado por provocarme. Tú no sabes cómo me siento en realidad.

Martina: No, lo que pasa es que no te gusta que te digan tus verdades. Esto ya no es gracioso, Desiderio. Yo no me casé contigo para que te convirtieras en un borracho.

Desiderio: Bah.

Martina: Porque eso es lo que eres: un borracho. El cuerpo te pide alcohol. Antes por lo menos te esforzabas por hacer deporte. Ahora ni siquiera sales a caminar.

Desiderio: Suficiente con que tú hagas deporte. No me amargues la noche. Yo me tomo mis cañas en paz, en casa. No quiero escuchar el ruido del bar, no quiero enredarme con nadie y no quiero escuchar los problemas de otra gente.

Martina: Eso es lo que he leído: que los alcohólicos beben solos.

Desiderio: Tú que eres tan lista, ¿te has puesto a pensar por qué yo bebo? ¿Tú tienes la desvergüenza de acusarme y de decirme que soy alcohólico porque me bebo unas cañas en casa?

Martina: Bebes porque te da la gana y porque te sobra el dinero. Y cuando yo te pido algo, cierras el puño y no me das ni un duro.

Desiderio: Será como tú digas.

Martina: Esto es como la historia del ratón y el sapo. Estoy atada a un sapo. ¡Qué desilusión!

Desiderio: ¿O sea que el padre de tus hijos es un sapo? Qué elevada opinión tienes de mí. Te lo agradezco.

Martina: Eres una oveja, Desi. Yo ya quisiera que te irrites de verdad. Pero no, no te importa lo que pienso.

Desiderio: ¿Tú quieres irritarme? Martina, yo lo que creo es que quieres golpe, como la boba de Pili, que recibe golpe del marido a pesar de que es ella la que sale a trabajar.

Martina: ¿Golpe tú? Lo que pasa es que no tienes sangre, Desiderio. Tienes alcohol en las venas, y el alcohol te adormece.

Desiderio: Bebo de tristeza, Martina. El alcohol me hace olvidar la vida que llevamos. Me hace olvidar tus reproches y tus críticas.

Martina: ¡Qué fuerte!

Desiderio: Y si tú dices que soy alcohólico cuando solo me bebo unos tragos los viernes, solo haces aumentar mi amargura. Yo solo quería que me abrazaras. Pero tú eres una paradoja, Martina. Eres dulzura para todo el mundo, pero para mí solo tienes veneno.

Martina: Y después dices que yo soy la criticona. *(526 palabras)*

Anotaciones

5. **una cañita**: una cerveza; 7. **dormir como un tronco**: dormir profundamente; 17. **esforzarse por algo**: intentar; 19. **enredarse**: complicarse; 23. **la desvergüenza**: *die Unverschämtheit*; 26. **cerrar el puño**: no dar dinero; 30. **tener una elevada opinión de alguien**: pensar que una persona es excelente; 32. **ser una oveja**: tener un carácter débil; 41. **¡Qué fuerte!**: hier: *Das ist ein starkes Stück!* 44. **una paradoja**: eine Paradoxie, ein Widerspruch

Tareas

1. **Escriba un resumen de la escena.**
2. **Caracterice a Martina y a Desiderio.**
3. **a. ¿Es justo considerar a Desiderio un alcohólico? Exponga su opinión.**
   b. Escriba una continuación de la escena.

La pedida de mano

Felipe: Ayer hablé con tu padre.
Celia: ¿Y qué te dijo? ¿Hablaron de fútbol otra vez?
Felipe: Esta vez no. Esta vez hablamos de ti.
Celia: ¿Y bien?
Felipe: Me dijo que hablara contigo.
Celia: Pero Felipe, nos vemos casi todos los días. ¿De qué tendríamos que hablar?
Felipe: Es que le pregunté una cosa y él me dijo que te preguntara primero. Que tú decidías.
Celia: Un momento. ¿De qué estás hablando?
Felipe: Tú y yo nos conocemos desde la infancia...
Celia: Bueno, tanto no. Desde los quince. Pero, ¿a qué viene todo esto?
Felipe: ¿Es que no te lo puedes imaginar?
Celia: Bueno, a decir verdad, sí me lo puedo imaginar. ¿No te apetece mejor un café?
Felipe: Celia, no quiero un café. Quiero casarme contigo.
Celia: ¿Con azúcar o sin azúcar? ¿Cómo lo quieres esta vez?
Felipe: Como tú quieras, Celia. Me da igual el café. Sólo quiero que te cases conmigo.
Celia: ¿Y eso cómo te lo has imaginado? Porque casarse es una cosa seria.
Felipe: Pues eso, que voy y le pido tu mano a tu padre, y él dice que sí y luego vamos a organizar la ceremonia y la celebración y todo lo que venga después.
Celia: Pero bueno, mi padre no te ha dado su consentimiento. ¿Por qué me preguntas a mí?
Felipe: Es que él me dijo que te preguntara a ti.
Celia: Es porque no está de acuerdo. ¿Tú qué crees? Si él estuviera de acuerdo, te habría abrazado y te habría dicho: «¡Felipe, qué alegría! Tardabas tanto tiempo en pedir la mano de Celia.»
Felipe: No, él no se alegró, es verdad. Pero es porque primero quería que te lo preguntara a ti.
Celia: Es porque no quería hacerte un feo. Es en realidad una forma de decirte que no. Mi padre es una persona muy educada.
Felipe: ¿Y tú, Celia? ¿Qué me dices tú?
Celia: Yo sin el consentimiento de mi padre no te puedo decir nada, Felipe. Tienes que entenderlo.
Felipe: Es que no lo comprendo, Celia. Tú siempre hablas de tus derechos y de la emancipación de la mujer. ¿Por qué ahora no eres capaz de tomar una decisión por tu cuenta?
Celia: No me presiones, Felipe. No me presiones. Te he dicho que necesitamos la aprobación de mi padre. Sin eso, no hay nada.
Felipe: Pero es que me están mandando de la Ceca a La Meca. Tu padre me dice que te pregunte, y tú me dices que le pregunte a tu padre. ¿Por qué no me dicen mejor que no?
Celia: ¿Quizás para no ofenderte?
Felipe: ¿Es decir que me dices que no? Celia Martínez, tú no quieres casarte conmigo.
Celia: No he dicho eso.
Felipe: ¿Entonces sí te quieres casar conmigo?
Celia: Un momento, tampoco he dicho eso.
Felipe: ¿Sabes una cosa, Celia? Olvida lo que te dije.

Celia: Como tú quieras.

Felipe: No como yo quiera. Como tú quieres, Celia, como tú quieres. Creo que mejor me voy.

Celia: Si te vas, es porque después de todo no era tan importante.

Felipe: ¿Tú estás loca? Me vas a matar. Claro que es importante.

Celia: ¿Y mi anillo de compromiso? ¿Dónde está mi anillo de compromiso? Si es importante, debiste conseguirme un anillo. ¿Cómo quieres que te tome en serio?

Felipe: Bueno, iré y traeré un anillo.

Celia: Mejor vamos juntos y me lo dejas escoger.

(568 palabras)

Anotaciones

1. **la pedida de mano**: *der Heiratsantrag*; 13. **a decir verdad**: en realidad, sinceramente, 20. **dar su consentimiento**: estar de acuerdo; 28. **hacerle un feo a alguien**: *jdn. kränken*; 36. **presionar a alguien**: jdn. unter Druck setzen; 38. **mandar a alguien de la Ceca a La Meca**: *jdn. von Pontius zu Pilatus laufen lassen*; 52. **el anillo de compromiso**: *der Verlobungsring*; 55. **escoger**: aussuchen.

Tareas

1. **Resuma la escena.**
2. **Caracterice a los personajes.**
3. **«Felipe es la antítesis perfecta del macho ibérico.» - Comente esta afirmación y fundamente su opinión.**
4. **Celia explica a su padre que ha aceptado ser la esposa de Felipe. Escriba el diálogo entre Celia y su padre.**

Reencuentro con la hembra ibérica

Siete años después, volví a verla. Me la encontré de casualidad, en Barajas. Iba acompañada por un tipo rubio que le llevaba las maletas y que, después lo supe, era su marido. Como siempre, Irene iba como filmando, jugando a ser la diva, con sus zapatos italianos y su ropa de diseño. Se conducía como una condesa, despreciando a todo el mundo, sólo le faltaba el perrito faldero. Me vio, y me saludó, alzando la mano. Yo primero quise hacerme el loco, miré hacia atrás, como buscando a la persona a quien ella saludaba. Al final, ambos se acercaron a mí. «Oh, yo pensé, ¿qué me preguntará? Seguro me dirá cuánto dinero gana su marido o comentará en passant que no tiene que trabajar.» Por eso no me gusta estar mucho tiempo en los aeropuertos ni volar, uno siempre se encuentra con gente del pasado. Debí haberme quedado en casa.

– Ya estás viejo, Chacho – dijo, con su sonrisa hipócrita.

Yo detestaba que me dijera Chacho, como si todavía tuviera 20 años. Y ella lo sabía, lo hacía a propósito. Hay mujeres buenas, pero lo que es yo, siempre me han tocado los escorpiones. Yo no le contesté con una insensatez, aunque habría merecido un insulto. Su marido me miraba desde detrás de sus anteojos con marco de oro. Tenía un aire de suficiencia y debajo de la manga se perfilaba su rolex de acero.

– Knut, te presento al Chacho, del que tanto te hablé – dijo ella.

– Muutscho gosssto – dijo él, en un español siseante, nórdico.

– Es un poeta consumado – murmuró ella –, un día ganará el Nobel y nos quedaremos con la boca abierta. Y, ¿ya has publicado algo, poeta?

La miré con rabia. No la odié. Sólo me sentí vacío. Luego le dije la verdad:

– Estoy escribiendo una novela – respondí –, trata de las putas con las que estuve en el pasado.

– ¿Putas? Pero si tú nunca ibas de putas, Chachito.

– Eso crees – respondí.

(329 palabras)

Anotaciones

1. **Barajas:** aeropuerto de Madrid; 3. **ir (como) filmando:** *schauspielernd*; 5. **el perrito faldero:** *Schoßhündchen*; 5. **hacerse el loco:** *so tun, als hätte er sie nicht gesehen*; 8. **en passant** (frz.): *nebenbei, im Vorbeilaufen*; 11. **hipócrita:** *scheinheilig*; 12. **detestar:** odiar; 14. **la insensatez:** *Unfug, hier: Grobheit*; 15. **anteojos:** *Brille*; 18. **siseante:** *zischend*; 19. **poeta consumado:** *echter Dichter*.

Tareas

1. **Resuma el fragmento.**
2. **Compare al narrador interno (Chacho) con Carlos, del monólogo «Tengo razón o no?», de Concha Romero.**
3. **Explique qué puede haber motivado la reacción del protagonista y comente si su actitud es justificada.**

El insomnio de los padres

La madre: ¿A qué has venido?

El padre: Escuché los ruidos y vi que tú no estabas en la cama. Por eso bajé.

La madre: ¿Tienes hambre?

El padre: No, gracias. Tú sabes bien que no tengo hambre.

La madre: Sí, lo sé.

El padre: ¿Supiste algo de Clara?

La madre: Nada.

El padre: Todavía. Es cuestión de esperar. Ya verás que llamará.

La madre: Fue tu culpa, Jerónimo, fue tu culpa.

El padre: ¿Qué cosas dices, mujer?

La madre: Sí, Jerónimo. Fueron tus celos y ese instinto que tienes de controlar todo y a todos.

El padre: Silvia, no exageres.

La madre: Nunca te gustaron los amigos que traía Clara a casa. Nunca eran suficiente para ti. Los tratabas mal, los hacías sentirse mal. Los despreciabas.

El padre: Yo no puedo consentir que mi hija se esté revolcando con cualquier tío por allí.

La madre: Bueno, pues. Allí lo tienes. Ella ya te lo había advertido. Se fue de casa. Y lo peor de todo, con el más idiota de todos sus pretendientes.

El padre: ¿Tan malo es el Rodrigo ése?

La madre: Es que no está con Rodrigo. ¡Pedazo de listo! Se fue con el Kevin, con el hijo menor de los Pacheco.

El padre: ¿El tartamudo?

La madre: El tartamudo.

El padre: Pero, ¿qué le ha visto Clara al tartamudo?

La madre: Pues eso. Lo hizo para darte un mensaje. Ahora ponte a pensar.

El padre: ¿Qué mensaje me va a dar esa maleducada? Espérate no más que vuelva a casa.

La madre: ¿Qué vas a hacer? ¿La vas a golpear? Sólo eso faltaría.

El padre: Eso nos pasa por no haber sido duros. Una buena paliza le habría enseñado quién manda acá.

La madre: ¿Una paliza? Cómo si todo fuera cuestión de golpes.

El padre: Ya vete a dormir. Mañana a primera hora daré parte a la policía.

(303 palabras)

Anotaciones

1. **el insomnio**: *die Schlaflosigkeit*; 15. **despreciar**: *verachten*; 16. **revolcarse**: *hier: rummachen*; 16. **cualquier tío**: *irgendein Kerl*; 20. **¡Pedazo de listo!** (*ironisch*) *Du Schlaukopf, Du Genie!*; 22. **el tartamudo**: *der Stotterer*; 26. **maleducada**: *schlecht erzogen*; 29. **una buena paliza**: *eine Tracht Prügel*; 32. **dar parte**: *anzeigen*.

Tareas

1. Escriba un resumen de la escena.
2. a. Compare la situación de los padres con la de Benjamín y Herminia, en *Las ataduras*.
   b. Caracterice a Silvia y a Jerónimo.
3. a. ¿Qué le parece la actitud del padre? Fundamente su punto de vista.
   b. ¿Volverá Clara? Escriba una continuación plausible.

¿Quieres estar conmigo?

Virginia: Me dijeron que querías hablar conmigo. Aquí estoy.
Juan: Hola, Virginia. ¿Tienes un poco de tiempo?
Virginia: Bueno, ya estoy aquí. Date prisa.
Juan: Es que no es cuestión de prisa. Ven, siéntate.
Virginia: Vamos mejor un poco más allá. No quiero que me vean contigo.
Juan: ¿Por qué dices eso, Virginia?
Virginia: Por qué será, pues.
Juan: Me gustas mucho, Virginia, ¿quieres estar conmigo?
Virginia: ¿Cómo dices?
Juan: Virginia, ¿quieres estar conmigo?
Virginia: Juan, deja de hacer bromas.
Juan: Lo digo en serio.
Virginia: ¡Basta ya, Juan! Me voy a enfadar.
Juan: Yo te quiero, Virginia. Siempre te quise.
Virginia: ¿Sí? Pues yo no te lo pedí.
Juan: Yo sé que no me quieres, pero si me das una oportunidad, si estamos juntos, podré demostrarte que te quiero de verdad.
Virginia: Es que tú y yo no podemos estar juntos. ¿Comprendes?
Juan: ¿Por qué no? A ver, dime.
Virginia: No tengo que darte explicaciones. No quiero y punto.
Juan: ¿Es por tus amigas? ¿Es por ellas?
Virginia: ¡Qué pesado eres!
Juan: ¿Te avergüenza que te vean conmigo?
Virginia: Mira, Juan, yo no quería decírtelo así, pero tú no me dejas en paz. Y a decir verdad, sí, me avergüenzo de que me vean contigo. Eres feo.
Juan: ¿O sea que te parezco feo?
Virginia: Lo siento mucho. Así es.
Juan: Comprendo. No quería molestarte, Virginia. Ahora te dejaré en paz.
Virginia: No llores, Juan. ¿Ves? No quería herirte.
Juan: No, Virginia. No me has herido. Yo sólo tenía la esperanza de estar contigo. Y ahora que sé que no me quieres porque soy feo, estoy más tranquilo.
Virginia: Bueno, ¿entonces seguimos siendo amigos?
Juan: No sé, Virginia. Ahora veo las cosas un poco más claras. Gracias de todos modos por darme un poco de tu tiempo.

(301 palabras)

Anotaciones

3. **darse prisa:** hacer las cosas rápido; 11. **hacer bromas:** *scherzen*; 22. **pesado:** *lästig*; 23. **avergonzarse:** *sich schämen*; 29. **herir:** *verletzen*; 34. **gracias de todos modos:** *trotzdem danke*

Tareas

1. Escriba un resumen de la escena.
2. a. Compare la situación de Virginia y de Juan con la de los protagonistas en el relato «La noche de los feos».
   b. Caracterice a Virginia y a Juan.
3. ¿Qué le parece la reacción de Juan? Fundamente su punto de vista.

Triángulo amoroso

Alejandra: Pero, ¿me estás escuchando? ¿Tú eres sordo o te haces el imbécil? Tú no me escuchas.

Pedro: Claro que te escucho. Lo que pasa es que me llegan varias noticias.

Alejandra: Entonces léelas después. Ahora te estoy hablando. Apaga tu móvil.

Pedro: Es mi multitasking, oye, yo soy un todoterreno. Te puedo escuchar y al mismo tiempo puedo revisar mi correo. Tienes que comprenderlo. Si no reviso mi correo ahora, en dos horas voy a tener quinientos mensajes.

Alejandra: ¿Quinientos mensajes? ¿Quinientos mensajes? ¿Tú escuchas lo que dices? Ni siquiera el Presidente recibe quinientos mensajes en dos horas. Y si los recibiera, no los respondería.

Pedro: Bueno, es un decir. Pero es la verdad. Siempre se me acumulan los mensajes y el tiempo no me alcanza.

Alejandra: Apaga esa miseria. Si nuestra relación se termina, será por ese aparatito. No me prestas atención. Ya no te esfuerzas por mí. Parece que soy un mueble.

Pedro: No exageres. Yo te quiero mucho, Alejandra.

Alejandra: Mira, no estamos casados, pero tú me tratas como si fuera tu mujer. Me ignoras, me ignoras y me ignoras.

Pedro: No hagas drama y baja la voz, que la gente ya empieza a mirarnos.

Alejandra: ¿Y a mí qué me importa la gente? Pero a ti sí. La gente es lo único que te importa.

Pedro: Te pones colérica como un mandril. ¿Quieres que te haga una foto? Después la puedo colocar en mi face. Tus padres se morirán de la risa.

Alejandra: ¿Sabes una cosa, Pedrito González?

Pedro: Sí, ya sé. Me vas a dejar. Ya varias veces me lo has dicho.

Alejandra: No, Pedrito. Esta vez te dejo de verdad. Me tienes harta. Si quieres, cásate con tu smartphone. Se van a la Iglesia del Internet, y allí podréis ser pareja hasta que las muerte os separe.

Pedro: Vaya, qué tía. Tú no eres normal, ¿eh? Te gusta controlar todo y cortarme la libertad. Al final yo necesito alas, tengo que hacer lo que quiero. Yo soy el hombre, no tú. Y si no te gusta, pues vete.

(349 palabras)

Anotaciones

1. **hacerse el imbécil**: *sich dumm stellen*; 5. **un todoterreno**: *hier: vielseitig*; 13. **esa miseria**: *hier: diesen Müll*; 18. **bajar la voz**: *leise werden*; 21. **mandril**: *wilde Affenart;* 25. **harta**: *satt*; 26. **ser pareja**: *ein Paar sein*, 28. **qué tía**: *diese Frau ist unmöglich*.

Tareas

1. **Resuma el texto.**
2. **Caracterice a los personajes.**
3. **a. ¿Qué le parece la reacción de Alejandra al final del relato?**
   b. Comente la respuesta de Pedro ante la reacción de Alejandra.
   c. Escriba una continuación plausible de la historia.

Mucho hombre

Julia y Manuel llevan tres años de casados. Viven en un piso cómodo y no tienen hijos. Son las diez de la noche y la cena ya está lista.

Julia: ¿Vienes? La comida ya está lista.

Manuel está encerrado en su cuarto y no contesta. Julia grita:

Julia: Su Majestaaaad, la comida ya está lista.
Manuel: No tengo hambre. Ya comeré más tarde.
Julia: ¿Cómo dices?
Manuel: Que ya comeré más tarde.
Julia: O sea que yo me paso toda la noche cocinando para que al final tú me digas que no tienes hambre. ¿Por qué no me dijiste mejor que no cocine?
Manuel: Tranquila, Julia, no te irrites.
Julia: ¿Que no me irrite, dices? ¿Que no me irrite? ¿Qué has estado haciendo?
Manuel: Escribiendo mensajes. Cosas del trabajo.
Julia: ¿Y por qué no los escribes en tu oficina? ¿Es necesario traer el trabajo a casa? Mira cómo estamos. Ya no tenemos vida en común.
Manuel: No exageres, Julia. Igual vivimos juntos.
Julia: Esto no es vida. Yo me lo había imaginado distinto.
Manuel: Julia, no te pongas trágica. No tengo ganas de pelear.
Julia: ¿Pelear dices? ¿Quién está peleando? Yo solo te digo cómo están las cosas.
Manuel: ¿Sabes qué? Me tienes hinchadas las pelotas. Mejor me voy por ahí.

Julia corre hacia la puerta y se interpone.

Julia: Un momentito. Tú no vas a ningún lado sin mi permiso. Tenemos que hablar.
Manuel: No, Julia. Precisamente no tenemos nada de qué hablar. Todo el tiempo te la pasas haciéndome reproches.
Julia: Y tú todo el tiempo te la pasas frente al ordenador. Tú no eres normal, Manu. Tú estás confundiendo el mundo virtual con la realidad.
Manuel: La que está equivocada aquí eres tú. Me tienes ahogado. No me dejas respirar ni un minuto. Yo también tengo mis necesidades.
Julia: ¿A qué te refieres, ah? ¿A qué te refieres?
Manuel: Que entre tú y yo no hay nada. Que solo estamos casados por los impuestos y por la costumbre. Estamos atados. Y además, ni siquiera me has podido dar un hijo.

Julia se sienta y empieza a llorar.

Julia: ¡Eres un malvado! ¿Cómo puedes decirme esas cosas?
Manuel: Es la verdad. Si tuviéramos un hijo, estarías tranquila, ocupándote de él, y me dejarías en paz.
Julia: ¿Ah sí? Pues... ¿quieres que te diga una cosa? Pues que si no tenemos un hijo, no es por mí. Eso sí te lo digo, no es por mí.
Manuel: ¿Qué cosas dices? ¿Y tú cómo lo sabes? ¿Qué estás inventando?
Julia: Si tus amigos supieran... *(431 palabras)*

Anotaciones

22. **pelearse**: *sich streiten*; 24. **me tienes hinchadas las pelotas**: *vulg. du gehst mir auf die Nerven*; 29. **hacerle reproches a alguien**: *jdm. Vorwürfe machen*; 32. **Me tienes ahogado**: *(hier) Du erstickst mich*; 35. **los impuestos**: *die Steuern*; 36. **atado**: *(für ewig aneinander) gebunden*; 40. **malvado**: *herzlos*; 45. **inventar**: *erzählen, erdichten*.

Tareas

1. **Resuma la escena.**
2. **Compare la relación entre Julia y Manuel con la de Diego y su pareja, en «El puñal en la garganta».**
3. **«Estamos atados.» - Comente esta frase.**
4. **Escriba una continuacion de la escena. Puede ser en forma de un diálogo o de un monólogo interior.**

II.

Ficción y realidad

Nuestra glamorosa novia

Cuando estábamos en la primaria, lo admito, todos los chicos estábamos locos por Sirena. Tenía unos ojos de bruja. Daniel, Yilmaz y Lucho eran los que declaraban agresivamente que Sirena era «suya». A veces se peleaban a golpes, mientras Sirena los ignoraba. Los otros chicos, yo entre ellos, nos conformábamos con rumiar nuestro enamoramiento discretamente. Alguno de nosotros se envalentonaba y le escribía una carta de amor, pero Sirena no decía esta boca es mía.

La situación empeoró en la secundaria. No solo los chicos de la clase, sino los de otras clases y hasta tipos de otros colegios la rodeaban. Sirena solía estar con uno, luego con otro, luego con otro. Pero nunca conmigo.

Así pasó el tiempo y años después la volví a encontrar. Trabajaba en la empresa donde yo acababa de comenzar. Era una alta ejecutiva, bien elegante y con collar de perlas. Yo primero me achiqué, trataba de evitarla. No sentía nada por ella, solo recuerdos. Pero esta vez fue ella la que tomó la iniciativa. «Manuel, ¿por qué nunca me dijiste que me querías?», me decía, mientras me besaba. Era ella la que me besaba. No yo. En realidad, yo no sabía si sentirme feliz porque algo me decía que ella solo me estaba utilizando.

Lo que pasó después.... No me lo vais a creer. En cierta ocasión me quedé a dormir en su lujoso apartamento, en un barrio exclusivo. A eso de las dos de la mañana me desperté y no la encontré a mi lado. Fui al cuarto de baño y allí encontré, en la tina, a un ser parecido a una iguana, de piel verde y ojos amarillos.

– ¿Qué te pasa? – me reprendió. Yo no sabía qué decir.
– Tú... ¿tú quién eres? – pregunté.
– Tranquilo, Manu. Soy Sirena, mejor dicho Sauriena.
– Mentira. ¿Dónde está Sirena? ¿Qué has hecho con ella?
– Vosotros los terrícolas sois muy simples. Sólo pensáis en sexo y en divertiros. Y al final nunca os dais cuenta de la verdad de las cosas. Pensáis que este planeta es vuestro y os sentís importantes. Creéis en el amor, pero ignoráis que el amor es una ilusión programada por el Sistema para que os distraigáis y no indaguéis mucho.
Me puse a vomitar, lleno de repugnancia y de miedo.

(378 palabras)

Anotaciones

4. **conformarse:** *sich mit etwas begnügen*; 4. **rumiar:** *wiederkäuen, hier: die Verliebtheit überwinden*; 5. **envalentonarse**: atreverse a hacer algo; 6. **decir esta boca es mía:** *etwas sagen*; 11. **una alta ejecutiva:** una mujer que ocupa una posición importante en una empresa; 12. **achicarse:** *sich einschüchtern lassen*; 18. **la tina:** *die Badewanne*; 19. **la iguana:** *der Leguan*; 24. **los terrícolas:** *Erdlinge*; 28. **la repugnancia:** el asco; 27. **indagar:** *(er-)forschen.*

Tareas

1. **Resuma el texto.**
2. **Caracterice a Manuel.**
3. **Compare este relato con «El error» de Rosa Montero.**
4. **Comente la frase final de Sauriena.**

Conspiración al descubierto

Después de mucho investigar, descubrí que muchos magnates, líderes políticos y religiosos, no eran normales. ¿A qué me refiero? Muchos no son terrícolas. Son gente de otro planeta. Extraños que nos dominan y que utilizan a los seres humanos como su ingenua servidumbre. Reuní toda mi información en un libro y después de hacer una copia de seguridad lo envié a varias editoriales.

Como no obtenía respuesta, decidí publicar mi libro yo mismo, en mi página de internet. No me gustaba la idea de compartir un medio tan vulgar y cómodo, en el que se juntan todas las teorías conspirativas de la historia. Pero no me quedaba otro camino. Cargué mi libro y lo puse en línea un día sábado. A los tres días ya tenía veinte lectores. Pero el martes pasó algo raro. Alguien había bloqueado mi página. Llamé al proveedor y me pidieron que enviara mi queja por escrito. Así lo hice, lleno de impaciencia.

A los pocos días me vino a recoger la policía. Me llevaron a un cuarto para hacerme un interrogatorio. Me mostraron una serie de documentos y de fotografías. Pruebas de que yo conspiraba contra el orden social.

– Vivimos en un país libre – objeté yo –, soy periodista acreditado. ¿No querrá que publique un informe sobre este interrogatorio, no?

El comisario se puso de pie y empezó a reirse a carcajadas. Normalmente, cuando uno se ríe tanto, la piel del rostro se pone roja. Pero a ese tipo no. Solo se reía y se agitaba. Después se tranquilizó, súbitamente, y giraba la cabeza, para mirarme con el ojo derecho, y luego con el izquierdo. Hacía crujir la nuca. Solo faltaba que estirase su larga lengua de serpiente.

– Mire – me dijo –, tipos como usted hay cantidad. El problema es que lo suyo es una obsesión. Naturalmente usted puede pensar lo que quiera. España es un país civilizado. Pero por su bien le recomiendo que deje de publicar cosas sin fundamento. Es una cuestion de seguridad del Estado. ¿Se ha puesto a pensar que pasaría si mil o dos mil personas empezaran a creer en las idioteces que usted escribe? Dejarían de trabajar, dejarían de obedecer, se sublevarían. Y usted lo que quiere es ganar dinero, no destruir el orden social. ¿Nos entendemos?

Me dejaron libre. Me fui a un parque y revisé mi móvil. Había grabado la conversación y traté de ponerla en línea. Pero de pronto, mi conexión murió. Mi móvil seguía funcionando, pero no tenía conexión a la red. No podía comunicarme con nadie. Preocupado, fui al periódico. Pensaba pedirle ayuda a García, que era el editor en jefe. Pero García no me recibió. En recepción me soltaron a los gorilas de seguridad. Me echaron a patadas. Anduve triste por las calles y entré a un café para tomar unas tapas. ¿Quién podría ayudarme?

Volví a mi piso, para hacer mis maletas y coger mi pasaporte. Quería tomar el primer avión a Londres, para refugiarme en casa de mi hermana. Subí a mi piso y encontré la puerta abierta. Todo estaba hecho un caos, patas arriba. Se habían llevado mis ordenadores y habían desordenado mis archivos. Yo estaba a punto de llorar cuando entraron dos tipos y me redujeron. Me pusieron una mordaza y una camisa de seguridad, como si fuera un loco.

El médico jefe de la psiquiatría me lo dijo muy claro:

– Los viajes interestelares son imposibles. No hay extraterrestres infiltrados en nuestras vidas. Si escribe aclarando ese tema, lo dejaremos en paz.

– Prefiero morir en este manicomio – le dije.

(595 palabras)

Anotaciones

1. **el magnate**: un multimillonario; 3. **ingenua servidumbre**: trabajadores crédulos; 8. **la teoría conspirativa**: *Verschwörungstheorie*; 10. **el proveedor**: *der Internetprovider*; 15. **el periodista acreditado**: *der Reporter mit Presseakkreditierung*; 16. **el interrogatorio**: *das Verhör*; 17. **reirse a carcajadas**: *lauthals lachen*; 20: **hacer crujir la nuca**: hacer ruidos con los huesos del cuello; 24. **por su bien**: *in Ihrem Sinne, im Sinne Ihres Wohlergehens*; 33: **echar a patadas**: *mit Gewalt hinauswerfen*; 39. **la mordaza**: der Knebel; 44. **el manicomio**: la casa de locos.

Tareas

1. **Resuma el relato.**
2. **Analice los motivos del narrador interno.**
3. **Comente la frase final del comisario.**
4. **Escriba una continuación del relato.**

III.

Migraciones

Los planes de Saíd

Después de llegar a la costa de España me di cuenta de que estaba solo. A lo lejos se escuchaban la sirena de la Guardia Civil y el ladrido de los perros. Yo eché a correr para ocultarme. Cuando me detuve pude ver que en la playa flotaban los cadáveres de algunos de mis compañeros. Me sentí muy triste porque conocía muy bien a tres de ellos, a Ahmed, Belil y Sarif. A veces imagino que los otros alcanzaron otra parte de la costa de Almería. Solo y sin amigos, lamenté mi situación. No tenía con quién hablar, así que me pasaba largas horas en silencio. A veces ni siquiera sabía si yo estaba pensando para mis adentros o si estaba pensando en voz alta. Mi mayor problema era la sed. El hambre se puede soportar, pero si no tienes agua, es como morir. Tampoco tenía nada de dinero. Yo me había imaginado todo esto de otra manera. Pensé que los españoles me recibirían y me darían ayuda. Pero nada. Estuve como tres días ocultándome hasta que me encontraron unos jóvenes. Me dieron algo de beber y algo de comer y hablaban todo el tiempo, haciéndome preguntas. Yo no entendía nada y me puse a llorar. Debo admitir que había sido muy ingenuo, imaginándome que en España encontraría el paraíso.

Mi primera barrera era el idioma. Yo en realidad soy muy parlanchín y conversador, por eso la vida en España para mí es muy dura. A veces me encuentro con algún compatriota y nos ponemos a conversar en nuestro idioma y nos contamos nuestra historia. Todos somos sobrevivientes. Mueren diez en el mar y al final llega solo uno. A veces, en mi angustia, yo me pregunto quién ha tenido más suerte, ¿los que se ahogaron o los que sobrevivimos?

Con el tiempo he aprendido algunas palabras para defenderme en español. Sin el idioma es imposible sobrevivir. Al principio trabajé como ayudante de construcción. Era un trabajo muy duro y ganaba muy poco dinero, apenas me alcanzaba para comer. Por eso lo dejé después de un mes. Por suerte conseguí trabajo en un invernadero. Allí pagaban mejor. Cosechar tomates y fumigar plantas no es tan difícil. Sin embargo, mi situación es muy triste. Echo de menos a mi madre y a mis amigos en Tánger. Aquí tengo que vivir como un fugitivo, sin papeles y sin derechos. Por eso estoy ahorrando dinero, para volver a mi país.

(412 palabras)

Anotaciones

1. **darse cuenta de algo**: *etwas merken, erkennen*; 3. **detenerse**: hacer una pausa; 4. **sentirse triste**: *traurig sein*; 6. **lamentar algo**: *hier etw. bedauern*; 7. **pensar para sus adentros**: *(still) nachdenken*; 8. **en voz alta**: *laut aussprechen*; 13. **llorar**: *weinen*; 13. **admitir**: *einräumen*; 15. **parlanchín**: una persona que habla mucho; 18. **el sobreviviente**: *der Überlebende*; 21. **el ayudante de construcción**: *der Bauarbeiter*; 23. **el invernadero**: *das Gewächshaus*; 24. **cosechar**: *ernten*; 24. **fumigar**: mit Pestiziden besprühen; 25. **echar de menos**: *vermissen*; 26. **ahorrar**: *sparen*.

Tareas

1. **Resuma el fragmento.**
2. **Compare la experiencia de Saíd con la de Abdel.**
3. **a. Comente qué le parece la decisión de Saíd de retornar a su país.**
   b. Escriba una continuación plausible de la historia.

Yo no tener papeles

Lo primero que aprendí en español fue la palabra «papeles». Si iba a buscar trabajo en un invernadero, me preguntaban: «Eh tú, ¿tienes papeles?« Y yo decía: «yo no tener papeles». Entonces me daban trabajo. Si tienes papeles, entonces tienen que pagarte más y además tienen que registrarte y asegurarte, es decir pagar impuestos. Por eso a ellos les conviene que haya muchos «sin papeles», para poder explotarlos. Yo me llamo Jean-Daniel y nací en Costa del Marfil, en Abidján, en 1978. Crecí en el barrio con el famoso futbolista Drogba. Pero Drogba iba a la escuela y yo no. Por la tarde jugábamos juntos al fútbol. A él nunca le gustaba perder y siempre había pleito. Después se lo llevaron a Europa. A mí casi me llevaron pero yo no sabía leer muy bien. Con los años él se hizo muy famoso y todos en el barrio decían que el Drogba tenía mucha suerte. Así que un día yo me decidí venir a Europa. Me subí a un carguero que se iba a Marsella, pero como había muchos controles, nos pusieron en un bote cerca de la costa de España.

Llegamos con mucha suerte a la costa. Mejor dicho, de los quince que éramos, llegamos sólo cinco. Los otros naufragaron en las olas. La Guardia Civil nos recogió y nos trataron bien. Pero en vez de internarnos en un campo de refugiados, nos dejaron salir. Es que los campos de refugiados estaban muy llenos. Por eso nos juntábamos entre los africanos y vagábamos en las afueras de la ciudad, por Almería. Los lunes venían los patrones a buscar trabajadores. Venían en una camioneta y preguntaban: «Eh tú, ¿tienes papeles?« Y yo las primeras veces decía la verdad porque yo no tenía visa, pero por lo menos sí tenía mi pasaporte. Después supe que tenía que decir que no tengo papeles.

Los trabajos eran distintos. Si tenía suerte, trabajaba en un invernadero. Allí el trato no era muy malo. Además no estaba muy supervisado, no había muchos controles. Cosechar tomates y fumigar plantas no es tan difícil. Lo que sí es muy duro es trabajar en construcción. Es un trabajo muy pesado y para lo poco que te pagan, es demasiado esfuerzo.

A veces pienso en Drogba, cuando jugábamos juntos. Ese sí es un tipo con papeles, ganando millones en Inglaterra, papeles de dinero, de euros. Los domingos mis amigos del invernadero y yo nos juntamos a jugar al fútbol y nos ponemos a bromear un poco: «Eh tú, ¿tienes papeles?» «Yo no tener papeles». Y nos reímos. Pero la vida es triste. Ni siquiera vamos a la ciudad, ni al cine ni a ver los monumentos, simplemente porque tenemos miedo a la policía. Esto no es vida. En Costa del Marfil no tenía trabajo pero por lo menos no tenía que estar escondiéndome. Por eso, cuando junte dinero suficiente, me compraré un pasaje y volveré a Abidján. Ojalá que en el aeropuerto no me pregunten: «Eh tú, ¿tienes papeles?»

(497 palabras)

Anotaciones

2. **el invernadero**: *das Gewächshaus*; 5. **explotar**: *ausbeuten*; 6. **crecer**: *aufwachsen*; 8. **el pleito**: *Streitigkeit*; 11. **el carguero**: *der Frachter*; 14. **naufragar**: *Schiffbruch erleiden*; 15. **el campo de refugiados**: *das Flüchtlingslager*; 17. **vagar**: *streunen*; 17. **el patrón**: el que da trabajo; 22. **cosechar**: *ernten*; 23. **fumigar**: *mit Pestiziden besprühen*; 23. **trabajar en construcción**: *in der Baubranche*; 27. **bromear**: *Witze machen*

Tareas

1. Resuma el fragmento.
2. Compare la experiencia de Jean-Daniel con la aventura de Saíd.
3. Explique cómo Jean-Daniel trata de sobrellevar la situación de inmigrante ilegal.
4. Comente la frase final del fragmento.

Los límites de la ficción

La novela juvenil *Abdel*, de Enrique Páez, trata de dos tuaregs marroquíes que a causa de la persecución política abandonan Marruecos para emigrar a España. La narración comienza casi al final de la acción, cuando Abdel, el protagonista, redacta su historia en español. Por eso nos enteramos de que antes de emigrar, el muchacho vivía con Yasir, su padre, en una caravana de tuaregs. Curiosamente, Abdel asegura que los tuaregs no tienen derechos en ninguna parte del mundo, y aunque son un pueblo desheredado y perseguido, ellos están convencidos de ser una raza de hombres libres. La tragedia de Abdel y de Yasir comienza con la muerte de la madre de Abdel, quien muere a manos de los soldados marroquíes.

Esta novela juvenil nos sugiere que abandonar el país fue la única posibilidad de escapar de los soldados del Rey de Marruecos. Después de atravesar Marruecos y cruzar el estrecho de Gibraltar, los fugitivos llegan a España, pero el camino de la emigración es muy peligroso porque está la Guardia Civil, que vigila la frontera y detiene a los inmigrantes ilegales. En la historia, el sueño de empezar una nueva vida en España parece cobrar forma para los protagonistas cuando encuentran un trabajo en la construcción de una villa, a cambio de alojamiento y comida. Sus patrones, Jorge Mélendez y Vicente Planas, al principio parecen amables y serviciales, sobre todo porque Mélendez promete conseguirles los permisos de residencia y de trabajo. Como Abdel es muy impaciente y hace muchas preguntas, los jefes deciden deshacerse de ellos a través de una trampa.

La verdad es que esta novela juvenil tiene varios aspectos cuestionables. En primer lugar, me parece positivo que un autor español trate de acercarnos al problema de la inmigración ilegal, ya que la realidad muestra que los «sin papeles» son víctimas de muchos abusos, sobre todo de gente criminal, de empleadores inescrupulosos que abaratan los costos de una construcción contratando a inmigrantes por 0,50 EUR la hora. Pero, por otro lado, me parece que el autor obliga al lector a identificarse con Abdel, a considerarlo simpático. En primer lugar, Abdel es un personaje inverosímil y no corresponde al estereotipo del inmigrante, ya que habla español correctamente y es muy respetuoso y educado. Ciertamente, ha sufrido mucho y ha pasado muchas penurias, pero su biografía es inverosímil. El final de la acción enfatiza el carácter del héroe que representa los principios éticos: no sólo contribuye a la captura de los criminales, sino que en un gran sacrificio melodramático, se ve obligado a declarar contra su padre, cuyo miedo a las represalias de la policía marroquí le hace preferir la cárcel en España. Entonces tenemos al inmigrante como un personaje luminoso, y a los adultos españoles como mafiosos y corruptos. *(464 palabras)*

Anotaciones

3. **la acción**: *die Handlung*; 6. **desheredado**: *arm*; 10. **sugerir**: *andeuten*; 12. **fugitivo**: *Flüchtling*; 14. **cobrar forma**: *Gestalt annehmen*; 19. **trampa**: *Falle*; 23. **el abuso**: *Missbrauch, hier: Ausbeutung*; 23. **inescrupuloso**: sin escrúpulos, *rücksichtlos*; 23. **abaratar**: *verbilligen*; 25. **obligar**: *zwingen*; 26. **inverosímil**: *unglaubwürdig*; 28. **penuria**: *Mühseligkeit*; 29. **enfatizar**: *betonen*.

Tareas

1. Exponga con sus propias palabras las afirmaciones centrales del autor.
2. «Abdel es un personaje inverosímil y no corresponde al estereotipo del inmigrante, ya que habla español correctamente y es muy respetuoso y educado.» Comente esta frase del autor y exponga su propio punto de vista al respecto.
3. Interprete el título del artículo.

Deja a Carmen en paz

Muncef y Alou son dos inmigrantes ilegales. Ambos se conocieron en el intento de llegar a España con ayuda de una patera. Juntos trabajan en un taller. Un domingo por la mañana, Alou y su amigo Muncef salen de excursión.

– ¿De dónde sacaste el coche? – pregunta Alou, sorprendido.

– Es de mi jefe. Sube rápido. Nos vamos al pueblo de Carmen.

Alou se alegra y sube apresurado. Muncef maneja por la carretera a alta velocidad para llegar pronto.

– Eres un buen amigo – murmura Alou –, yo ya no puedo vivir sin ella.

– Sí, sí, comprendo – dice Muncef –, yo sé lo que es vivir solo. Mi mujer y mis hijos están en Marruecos y me hacen mucha falta.

Alou se entristece. Piensa en su madre y en sus hermanos. Hace tiempo que no les escribe una carta. ¿Qué les contará? Alou prefiere esperar un poco, juntar más dinero para poder enviarles algo. En realidad, no vale la pena enviarles cincuenta euros si el trámite por el giro postal cuesta treinta euros.

– Ya llegamos – dice Muncef. Alou sale corriendo, alegre como un niño, y se dirige al bar del padre de Carmen.

– Buenos días – dice.

– ¿Qué haces aquí, Baltazar? – le pregunta el padre, irritado –, Carmen no está.

Pero Carmen sale pronto de la cocina y abraza a Alou. Ambos salen juntos y dan un paseo con Muncef. Muncef cojea un poco porque tuvo un accidente, y por eso los amigos caminan lentamente.

– Yo a veces echo de menos Marruecos – murmura Muncef –, pero aquí tengo trabajo y este es mi país. Cuando pueda, traeré a mi familia.

– Ni tú ni yo seremos nunca de aquí, porque no nos aceptarán – responde Alou.

– No seas pesimista – murmura Carmen –, piensa que todo va a salir bien.

Alou camina, entristecido. Muncef se detiene y dice:

– Yo quería pasar un día alegre juntos. Trabajamos como unos burros toda la semana. Vamos, Alou, alegra esa cara.

– Tienes razón, Muncef.

Los tres vuelven al bar del padre de Carmen. Como Carmen tiene que empezar a atender a los clientes, el padre de Carmen aprovecha para conversar con Alou y Muncef.

– Yo soy un buen hombre – les dice –, y respeto vuestra situación y comprendo vuestra necesidad. Sé que vosotros sois buenas personas y que además sois trabajadores. Lo único que os pido es que comprendáis que Carmen es mi única hija y que es lo único que tengo en la vida. Pensad en nosotros. Pensad en el futuro de ella y no me hagáis la vida difícil.

– No comprendo – dice Alou.

– Deja a Carmen en paz – responde el padre. *(436 palabras)*

Anotaciones

2. **patera:** *Floß*; 6. **manejar:** *fahren*; 6. **apresurado:** a prisa, rápido; 13. **el trámite por el giro postal:** *Gebühren für die Überweisung über Western Union*; 18. **Baltazar** (desp.): uno de los Reyes Magos; 20. **cojear:** *humpeln*.

Tareas

Primera propuesta

1. Escriba un resumen del texto.
2. Compare la situación de Alou con la de algún personaje de *Mar de historias*.
3. Escriba una continuación de la historia.

Segunda propuesta

1. Resuma los sucesos desde la perspectiva de Alou.
2. Analice si los mensajes de «La jaula de oro» (Mojado) se podrían aplicar a la situación de Alou.
3. «Ni tú ni yo seremos nunca de aquí, porque no nos aceptarán.» - Comente esta frase y relaciónela con la situación de los inmigrantes en Estados Unidos

IV.

Infancia y juventud en un mundo globalizado

El chico de facebook

Me metí a facebook por curiosidad y me puse un nombre falso. Para mi foto escogí un oso panda. Alicia Martínez, edad: 22 años, ocupación: estudiante, estado civil: soltera. Muy soltera. Después de Nick, el inglés que conocí en Benidorm, mi vida sentimental era un desierto sin oasis. Nunca más lo volví a ver, y me dejó tan colada, sufriendo como una tonta. Los chicos no me miraban, o mejor dicho, en las fiestas nadie me sacaba a bailar y sólo al final, los más borrachos, los más solitarios, a las dos o tres de la mañana, me declaraban su amor. Por eso, para ser sincera, creo que me metí a facebook por desesperación.

Allí conocí a Roberto. Conocerlo es mucho decir. Me incluyó en su grupo de amigas, cerca de 340 contactos, y casi todos mujeres. Se veía muy simpático, musculoso, en la playa, un chico italiano, fuerte, saludable, con su tabla de surf. Visualmente, me atrajo. Por eso lo pinché y le pedí que me incluyera. Y me incluyó. Yo estaba tan contenta, me sentía aceptada.

«Hola Panda, ¿qué tal?» Su mensaje me llegó a las once de la noche. Ese fue el comienzo de una amistad. Todas las noches, durante dos meses, chateábamos. Me contaba lo que había pasado en su día y yo le contaba del mío. Al parecer, tenía una vida estupenda, con casa en la playa, coche deportivo y mucha diversión.

Cuando le dije para encontrarnos, Roberto empezó a esquivarme. No quería. Argumentaba que no tenía tiempo, que andaba muy ocupado. Pero al final, terminó aceptando. Me dijo para encontrarnos en mi piso, pero me pareció muy atrevido, muy arriesgado. Así que le propuse un lugar neutral, un café del centro. Allí estuve espera y espera, totalmente exaltada. Hasta que un tipo me habló. No era musculoso, la mirada no le brillaba. Parecía un saurio. «¿Tú eres Panda, no es verdad?» Yo me preguntaba cómo lo había sabido. Seguro adivinó porque era fea. «Pero tú no eres Roberto, ¿no?» «Roberto es mi invención. ¿Te he decepcionado?» «Un poco, a decir verdad.» «No te angusties. Vivimos en un mundo virtual, lleno de apariencia.» Empezó a fumar, pidió un trago. Me contó de su madre, que estaba enferma. De su trabajo aburrido en un almacén. De su ex-mujer, que lo había abandonado después de saquear la cuenta del banco. Al final me dijo: «Eres bonita. ¿Tienes novio?» No supe qué decir.

(414 palabras)

Anotaciones

1. **oso panda:** *Pandabär*; 3. **soltera:** *ledig*; 4. **colada** (adj.): *schwer verliebt*; 11. **pinchar:** *anklicken*; 15. **una vida estupenda:** maravillosa; 17. **esquivar:** *ausweichen, meiden*; 19. **atrevido:** *wagemutig, gewagt*; 21. **parecía un saurio:** era feo; 25. **trago:** *Schluck*; 23. **adivinar:** *raten, hier: darauf kommen*; 25. **la apariencia:** *Schein*; 27. **saquear:** dejar vacío.

Tareas

1. **Resuma la experiencia de Alicia Martínez.**
2. **Caracterice a Alicia y Roberto.**
3. **«Vivimos en un mundo virtual, lleno de apariencia.» Comente la frase del personaje.**
4. **¿Cómo podría continuar la historia?**

El sueño de Tarcisio

Cuando era chico yo quería ser jugador de fútbol. Me gustaba mucho ese deporte. Una vez Bolivia se clasificó para el mundial y toda la gente estaba contenta. Pero no pasamos a la siguiente ronda, nos eliminaron pronto. El equipo nacional de fútbol regresó a Bolivia y nos quedamos tristes.

Yo no pude cumplir mi sueño de ser futbolista. Mi papá trabajaba en las minas, pero al poco tiempo enfermó y después de dos semanas murió de silicosis, una enfermedad que afecta a los mineros. Entonces yo tuve que empezar a trabajar. Por las mañanas iba a la escuela y por las tardes iba a trabajar a la mina. Volvía a casa por la noche y no tenía mucho tiempo para hacer las tareas, y no aprendía mucho. Además, durante la noche sólo teníamos la luz de la vela y sólo hasta las once duraba.

En el colegio nadie jugaba conmigo. «Hijo de minero es», decían. Y yo, con las manos metidas en los bolsillos, sólo observaba cómo ellos jugaban al fútbol durante los recreos. A veces, durante las clases, me dormía, y el profesor me despertaba con un cocacho y me hacía doler. Pero si estaba la profesora, ella no era tan mala, me decía: «Despierta, Tarcisio, no es hora de dormir.»

Después con el tiempo ya me salí de la escuela, a los diez años. Y es que repetí el cuarto grado y ya no teníamos dinero. Mi mamá estaba sola y yo tenía que colaborar en la familia. Mi tío Pascual a veces venía y me decía: «Tarcisio, tú eres el hombre de la casa.» Entonces me metí a trabajar en la mina todo el día. Doce horas en el socavón por lo menos, de lunes a sábado. Salía muy tarde y me dolían las manos y los ojos.

Mi hermano menor Jacinto era la esperanza de mi madre. Por eso ella decía: «Él tiene que ir a estudiar, tiene que ser alguien.» Y yo por eso trabajaba mucho, más duro. Pero Jacinto no estudiaba. No le gustaba la escuela, a veces se escapaba antes de la hora de salida y se iba a la ciudad. Allí conoció a sus nuevos amigos y se quedó con ellos a vivir en la calle. Se olvidó de nosotros, que éramos su familia. Mi mamá se puso muy triste.

(386 palabras)

Anotaciones

2. **el mundial:** *die Fußballweltmeisterschaft*; 6. **la silicosis:** enfermedad pulmonar (*Quarzstaublunge*); 9. **las tareas:** (Sudam.) los deberes; 10. **la luz de la vela:** *das Kerzenlicht*; 13. **el cocacho:** eine Kopfnuss; 16. **salir de la escuela:** (*hier:*) *die Schule endgültig verlassen*; 19. **el socavón:** la mina; 23. **la hora de salida:** (*hier:*) *Schulschluss.*

Tareas

1. **Resume el testimonio de Tarcisio.**
2. **Compara la experiencia de Tarcisio con la del protagonista de *Quiero ser*.**
3. **El tío Pascual le dice a Tarcisio que ya es el hombre de la casa, pero el niño sólo tiene diez años. Comenta esta frase en un ensayo.**

Benito en la calle

Mi nombre es Benito y tengo 15 años. Me escapé de mi hogar cuando tenía diez, y vivo ahora en la Plaza San Martín. Dejé la escuela cuando tenía ocho años porque mi padre me dijo que necesitaba que yo ayudara a la familia. Soy el mayor de cuatro hermanos – dos varones y dos mujeres. Así que mi padre me pidió que trabajara, y así lo hice durante un tiempo. Todos los días, desde el amanecer hasta la caída del sol, estaba en la calle vendiendo. «Chicle, cigarrillo, caramelos».

Rara vez podía vender todo lo que llevaba. Como vendía muy poco, mi padre se amargaba y me decía que si no vendía más, me llovería golpe. Y de veras que llovía. Mi padre bebía mucho alcohol y si yo no le daba dinero, me azotaba con lo que encontrase a la mano. Yo lo odiaba. Así que un día no lo soporté más y me fui.

En la Plaza San Martín conocí a algunos chicos que vivían en la calle. Algunos ni siquiera recordaban haber tenido una familia, todos llevaban viviendo varios años sin techo. Nuestras historias eran muy parecidas. Con la crisis económica empezamos a robar. Robábamos comida al frutero, metiéndonos plátanos debajo de nuestras camisetas. Al principio yo no quería robar, pero no quedaba otra. Al final lo único que nos hacía felices era inhalar pegamento. Especialmente, cuando has estado inhalando todo el día, no te preocupas absolutamente de nada, excepto de dónde conseguir terokal. Hasta que un día el Padre Renzo vino a ayudarnos. «Benito, me dijo, ¿sabías que tu nombre significa: «el bendecido»?» Yo no lo sabía. Con él cantamos los sábados y domingos, en la parroquia. Y en el comedor nos dan un almuerzo gratis.

(287 palabras)

Anotaciones

5. **desde el amanecer hasta la caída del sol**: todo el día; 6. **el chicle**: *Kaugummi*; 7. **amargarse**: (Sudam.) ponerse colérico; 8. **llover golpe**: *es gibt Schläge*; 9. **azotar**: *auspeitschen*; 14. **el frutero**: el que vende fruta; 14. **el plátano**: la banana; 16. **el pegamento**: *der Klebstoff,* 17. **el terokal**: *Klebstoffmarke*; 17. **Padre**: *Pater, katholischer Priester*; 19. **la parroquia**: *die Pfarrei.*

Tareas

1. **Resuma la historia de Benito.**
2. **Compare la situación de Benito con la de algún personaje de los relatos de Cristina Pacheco.**
3. **Después de alcanzar la mayoría de edad, Benito decide viajar a México para luego ingresar ilegalmente a los Estados Unidos. Escríbale una carta tratando de aconsejarle.**

Lavando carro

Una vez el Padrecito me dijo para ir a lavar carro. Eso fue por el 86, creo, lo cierto es que éramos más chicos. «Acompáñame, después te invito a comer.» «¿Hasta dónde tenemos que caminar?», le pregunté. «En Barranco tengo mi territorio.» «Vamos no más a Los Cedros, a lo mucho hasta Santa Leonor», le dije, porque me daba flojera ir tan lejos. Pero el Padrecito no quería, Santa Leonor estaba en nada, había pocos carros, y el que tenía carro, manguera no más. Así que fuimos hasta Barranco. Tenía su balde con sus trapos y franelas. «¿Por qué no vienes mejor con el Javi?», le pregunté, y no me contestó. El Padrecito no se llevaba bien con su hermano. Se lavó dos escarabajos, quedaron más o menos, las lunas no estaban muy limpias, pero creo que eran manchas por dentro. A veces la gente regateaba, algunos chequeaban y buscaban cualquier manchita para rebajar la propina. Sentado en el bordillo de la acera, yo lo miraba hacer, desempolvar primero, pasar el estropajo con agua, una y otra vez, y después las lunas. «Ayúdame a frotar, antes de que se seque, si no, las manchas se quedan», me dijo. Yo refunfuñando le di una mano. ¿Yo lavando carro? Con tal que no me viera la gente del barrio, pensé. Después fuimos donde uno de sus clientes fijos, un ruso barbón que le abrió una NIVA para que la lavara por dentro y por fuera. Allí ganó más dinero.

Estábamos de los más contentos, cuando vinieron tres puntas. «Los de Progreso», dijo el Padrecito, «la cagada». Allí nos trompeamos bien duro. Después se fueron. «¿No me dijiste que era tu territorio?», le pregunté, amargo. «A veces me roban», me dijo él. Me dolían los nudillos de los dedos. Creo que a él le habían dado más duro que a mí. Yo con tacle y cabezazo, sin asco. De todos modos, pelearse siempre es una huevada. Pero así es, creo que hasta en sueños la gente faite se mecha.

Pero lo mejor vino después. Fuimos a la panadería de Unión y el Padrecito compró pan con chirimoya, qué delicia. Yo de un bocado no más, jáam. «Ya te comiste todo, qué angurriento», se rió. «No me he llenado», le dije, medio como protestando. «Bien tela ha estado la jama.» Entonces nos fuimos al Monterrey de Grau, y él compró yogures y arandelas con chocolate. «¿Cómo sabías que me gustaban las galletas Pícaras?», le pregunté, a la salida. «Es que a mí también me gustan», me dijo. «Los domingos, si gano lo suficiente, me siento por la tarde y me las como. Pero a veces las tiendas ya están cerradas.» Y se puso a llorar. «Ya no llores, te vas a atragantar.»

(467 palabras)

Anotaciones

1. **lavar carro:** *Autos waschen*; 4. **dar flojera:** *keine Lust haben*; 5. **estar en nada:** *mau sein*; 5. **manguera no más:** *das Auto schlicht mithilfe des Gartenschlauchs abwaschen*; 6. **balde:** *Eimer*; 6. **trapo:** *Stofffetzen, Waschlappen*; 6. **franela:** *Flanelllappen*; 8. **El escarabajo:** *VW-Käfer*; 8. **lunas:** *Windschutzscheiben*; 9. **regatear:** discutir sobre el precio; 10. **chequear:** (Peruan.) *überprüfen*; 11. **acero:** *Stahl*; 11. **desempolvar:** *entstauben*; 11. **el estropajo:** *der Waschlappen*; 13. **refunfuñar:** *grummeln, (hier:) ungern etwas tun*; 13. **con tal que:** *solange / Hauptsache*; 17. **punta:** *Halbstarker*; 18. **trompearse:** *sich prügeln*; 20. **el tacle:** *der Fußtritt*; 22. **faite:** *eng. fighter*, que pelea; 24. **chirimoya:** *Flaschenbaumfrucht*; 25. **bien tela ha estado la jama:** (Per.) *das Essen war ganz knapp*; 26. **Monterrey:** *Lebensmittelladen*; 30. **atragantarse:** *sich verschlucken*.

Tareas

1. Resuma el fragmento.

2. Escoja una tarea:
   a. Compare la relación entre el narrador interno y el Padrecito con la relación entre Juan y Jorge, de *Quiero ser*.
   b. Compare las condiciones de vida de estos personajes con los de la pelicula Barrio.

3. «Con tal que no me viera la gente del barrio.» - Así piensa el narrador interno. Comente su opinión.

4. Escoja una tarea:
   a. ¿Cómo podría continuar la historia? Escriba una continuación plausible.
   b. Escriba un monólogo interior del Padrecito.

¿Conejillos de Indias?

Se podría creer que los alumnos siempre han sido conejillos de Indias del Ministerio de Educación. Creo que esa idea es el motivo de El mal de Gutenberg, marcada por malas experiencias con el sistema escolar. Si recuerdo mi primaria, algunos de nuestros profesores eran en realidad pequeños dictadores, en el sentido amplio de la palabra. Entraban al aula y empezaban a dictar clases. Es decir, una persona repetía lo que decía un libro y después nos daba un cuestionario para resolver. Los actos de indisciplina eran severamente castigados. Uno podía pedir la palabra, pero había que tener mucho cuidado con lo que uno decía. Lo que contaba era reproducir lo que el profesor quería escuchar, es decir nos educaban para no tener una propia opinión, para no atrevernos a expresar nuestra opinión.

Eso fue en los 80. Pero desde entonces hasta ahora ha habido un cambio radical en las aulas escolares en España. Antes los profesores determinaban lo que ocurría en clase. Ahora los dictadores son a veces los alumnos. Tutean a los profesores, no se ponen de pie cuando entra el profesor, muchos no cumplen los deberes, algunos no tienen miedo ni respeto a nada, y contagian al resto.

Pero lo que más me preocupa es que muchos jóvenes en la actualidad leen muy poco. Mejor dicho, no le dan importancia a la lectura de obras literarias. Yo por ejemplo traté de leer el Quijote con una clase de preparatoria al bachillerato, pero los alumnos simplemente no podían comprender al personaje del Quijote pues me preguntaban cómo era posible que alguien se vuelva loco de tanto leer.

La situación ha empeorado con los nuevos medios. La juventud sólo escucha música, ve videos a través de YouTube, ve películas y consume productos mediales que no fomentan la fantasía, sino la deforman. Leer una novela era, en mis épocas, una experiencia sensacional. Era la única posibilidad de escapar del mundo y de las normas establecidas. La situación de una novela es un mundo ficticio que uno va imaginando poco a poco, y uno aprende a sentir y a comprender las reacciones de otras personas. En otras palabras, las novelas servían y deben servir para fomentar la empatía, la posibilidad de ponerse en la situación de otras personas, y ayudan a los jóvenes a alcanzar la madurez.

Claro que hay buenas novelas y novelas no tan buenas. Pero hoy más que nunca los alumnos deben leer novelas, para mejorar el lenguaje, para ampliar el vocabulario, para analizar situaciones complejas y conflictos en la convivencia social. Leer buena literatura es la única posibilidad de dejar de ser conejillos de Indias de nadie.

(443 palabras)

Anotaciones

1. **los conejillos de Indias:** *Meerschweinchen, hier: Versuchskaninchen*; 4. **en el sentido amplio de la palabra:** *im wahrsten Sinne des Wortes*; 7. **pedir la palabra:** *sich melden*; 9. **atreverse a hacer algo:** *wagen, etwas zu tun*; 12. **tutear:** *duzen*; 19. **empeorar:** *schlechter werden*; 26. **alcanzar la madurez:** *reifer werden.*

Tareas

1. **Resuma el texto.**
2. **Describa brevemente cómo ha cambiado el sistema escolar en España, según el autor. Compare esa perspectiva con el desarrollo de la educación en Alemania.**
3. **¿Qué le parece la última frase? Exponga y fundamente su opinión.**

¿La Iqbalización de la infancia en el Tercer Mundo?

A algunos les parecerá políticamente incorrecto referirse al «Tercer Mundo». Otros preferirán el término «países en vías de desarrollo», «países en desarrollo», «países en despegue económico». En realidad, esos términos son eufemismos que hemos inventado para no tener que confrontarnos con la realidad de la miseria de la globalización. Y la realidad es sencilla: no sólo debemos hablar del Tercer Mundo, sino también del Cuarto y hasta del Quinto Mundo, allí donde la miseria alcanza aspectos indescriptibles, donde no existen los conceptos de derecho, de igualdad, de fraternidad ni de emancipación. Son mundos donde, en fin, la dignidad humana es pisoteada, donde la vida de un ser humano no vale nada.

Allí donde no hay principios políticos ni morales, los más débiles sufren injusticias y maltratos. Los viejos mueren sin ser atendidos, las mujeres son maltratadas y humilladas, los niños son privados de su tesoro más preciado: su tiempo vital, su infancia. Niños obligados a trabajar en las minas y en los talleres de patrones inescrupulosos. Niños que deben agarrar un fusil y matar a un enemigo a quien no conocen. Niños que son obligados, por las fantasías corruptas y enfermas de algunos adultos, a prostituir su cuerpo, a dar placer a cambio de su dolor.

Esa es la verdad indignante. La globalización promete bienestar económico, prosperidad material, comunicación abierta. Pero su costo es muy elevado porque sólo vemos un lado de la globalización: el internet, los vuelos de Ryan Air con sus precios irrisorios, la movilidad cultural en los aeropuertos, también en los estadios de fútbol y en los equipos de la UEFA. Pero la otra cara de la globalización, la cara cruda de este proceso, ocurre en la oscuridad, se desliza por lo bajo, es la negación de la sociedad abierta y de los principios de la ilustración europea: es el lado del crimen, del abuso y de la explotación. Mientras nosotros dormimos tranquilos en Madrid, miles de jóvenes africanos perecen en el Atlántico, miles de niños trabajan como hormigas, a cambio de algunos centavos y sin poder volver a sus casas. Por eso no creo que sea exagerado hablar de una iqbalización de la infancia en los países pobres. Iqbalizar a la infancia significa maltratarla, descuidarla, privarla de sus derechos.

La Carta de las Naciones Unidas para la Infancia recoge todos los derechos de los niños a nivel mundial, independientemente de su origen, su nacionalidad y su cultura. Pero esa Carta es letra muerta, al igual que los protocolos de Kyoto y de Río de Janeiro. Yo me pregunto a veces, sin afán de polémica, si en los países llamados desarrollados tienen en realidad vigencia los derechos de una infancia minoritaria, aplastada por los mayores.

(457 palabras)

Anotaciones

2. **países en despegue económico**: *Schwellenländer*; 3. **el eufemismo**: *die Beschönigung*, 8. **es pisoteada**: no se respeta; 11. **su tesoro más preciado**: *ihr wertvollster Schatz*; 12. **el patrón**: *der Boss*; 13. **agarrar**: ergreifen; 13. **fusil**: *Gewehr*; 15. **a cambio de**: *für, auf Kosten von*; 18. **irrisorio**: muy barato; 30. **es letra muerta**: *gilt nichts*; 32. **vigencia**: *Gültigkeit*; 32. **aplastar**: (*hier:*) *unterdrücken*

Tareas

1. Explique el título del artículo
2. Escoja un fragmento de la novela La música del viento y trate de explicar con este fragmento si las afirmaciones del autor son ciertas o falsas.
3. «Yo me pregunto a veces [...] si en los países llamados desarrollados tienen vigencia los derechos de una infancia minoritaria.» Comente esta afirmación y exponga su propio punto de vista.

El ruido del viento

¿Qué nos ha entregado el multifacético Jordi Sierra i Fabra en su última novela juvenil? Nada nuevo, otra vez lo mismo de siempre, el mismo rollo. Alguna catástrofe ecológica, alguna injusticia social, algo que nos ponga los pelos de punta y nos haga sentir culpables por todo el mal en el mundo. Su visión es maniquea: para él sólo existen los malos malos y los buenos buenos, nada en el medio, nada en el tono gris. Por eso es claro: héroes y truhanes, policías y mafiosos. ¿Es tan simple el mundo?

Por los menos el que nos pinta Jordi Sierra, sí lo es. No tenemos a personajes, a caracteres, sino a estereotipos. Y lo peor de todo: uno de los protagonistas, Iqbal, ya ha muerto hace muchos años, algo verdaderamente macabro. Por otro lado, Alberto, un periodista, alter ego de Jordi Sierra, vive en condiciones irreales: trabaja como colaborador independiente de algunas revistas, va por libre. Y uno se pregunta: ¿Cuál es su oficio? ¿Cómo sobrevive en un mundo laboral tan difícil? Y sin embargo en la historia vemos que logra que le financien un viaje a la India para que vaya a buscar a Iqbal, el chico de las alfombras. La esposa de Alberto, que responde al curioso nombre de Estrella, parece haberse resignado al destino de ama de casa, y no protesta mucho, aunque las actividades de su marido no le gusten. Prefiere callar. Eso en realidad no es nada nuevo. Para Jordi Sierra las mujeres sólo juegan roles accesorios de secretaria, sólo están de adorno.

El Odiseo catalán, sediento de aventuras, con ganas de salvar al mundo, toma el avión y parte rumbo a la India. Parece que estuviéramos en una nueva edición de Supermán. Un Supermán con un impulso investigador, un Supermán reflexivo, con corazón. Después de todo, se detiene a reflexionar horas de horas sobre lo que debe hacer con los niños del taller, cuando bien no le tomó ni dos minutos decidir viajar a la India. En otras palabras tenemos aquí a un maníaco depresivo: un tipo que pasa del entusiasmo a la duda y que oscila entre estos dos polos: un Clark Kent medio loco.

Y la verdad, después de todo, uno debe andar medio loco para abandonar la tranquilidad de Cataluña y mandarse todo un viaje a los bajos mundos de Delhi, de Bombay o como se llame. ¿Qué es lo que quiere Jordi Sierra? ¿Que nuestros hijos se neuroticen con la idea de salvar el mundo y que se vayan a apuntar de voluntarios para ayudar a los náufragos en Canarias, en Africa, en la India? ¿Que se vayan con Médicos sin Fronteras a contraer enfermedades? Los españoles deben saber muy bien que ya no vale la parábola del buen samaritano. Porque en la actualidad vas donde un pobre a darle una capa y te roba las zapatillas.

(480 palabras)

Anotaciones

1. **multifacético:** tiene muchos aspectos; 3. **poner los pelos de punta:** *jdn. erschaudern lassen*; 4. **maniqueo:** *manichäisch, vertritt eine Schwarz-Weiß-Malerei*; 5. **el truhán:** *der Gauner*; 13. **alfombra:** *Teppich*; 17. **estar de adorno:** *zur Dekoration gehören*, 18. **sediento de aventuras:** quiere vivir aventuras; 19. **rumbo a:** *in Richtung*; 24. **oscilar:** *pendeln, oszillieren*; 26. **como se llame:** *weiß der Geier*; 27. **neurotizarse:** volverse loco; 29. **contraer enfermedades:** *sich anstecken*; 30. **el buen Samaritano:** *der barmherzige Samariter (Lukas 10, 25-37)*; 31. **la capa:** *der Mantel*; 32. **las zapatillas:** *die Sportschuhe.*

Tareas

1. Explique cuál es la opinión del autor con respecto a la novela de Jordi Sierra i Fabra.
2. ¿Considera exagerado llamar a Alberto «el Odiseo catalán»? Fundamente.
3. «Los españoles deben saber muy bien que ya no vale la parábola del buen samaritano. Porque en la actualidad vas donde un pobre a darle una capa y te roba las zapatillas.» Comente esta frase y exprese su punto de vista.

Después del botellón, a la disco

Moncho Vásquez, de Santander (España), es un joven de 16 años que comenzó a ir a los botellones a los 14. El nos cuenta: «Los amigos de mi barrio me animaron. Al principio íbamos a jugar fútbol al polideportivo, y después de jugar empezamos con el alcohol: cerveza, calimocho, sangría. Con el tiempo dejamos de ir al fútbol y nos concentramos en el botellón. Cada uno aportaba con lo que tenía, dos euros, tres euros, a veces cinco. Entre varios comprábamos el alcohol.»

Pero el botellón no fue el problema de Moncho. Después de los botellones, empezó a ir a la discoteca, y allí se encontró con drogas más peligrosas.

«Un amigo me ofreció ‹ecstasy›. ‹Tienes que bailar, si no, no vas a poder ligar›, me dijo, y me dio una pastilla. ‹Con ésto te vas a sentir mejor.› Y así empecé a consumir las pastillas. Toda la semana pensaba en lo que haría el fin de semana y cómo compraría mi ‹dosis›.»

Josefina L. es otro caso. Ahora, a los 18 años, ya tiene un bebé de 2 años. «Yo salía los fines de semana con mis amigos y tomábamos mucho alcohol. Después nos íbamos a la discoteca y allí me dieron la pastilla. Hay una noche de la que no me acuerdo. Ahora tengo que vivir con las consecuencias de esa noche.» Actualmente ella vive en casa de sus padres, quienes le ayudan a criar a Jorgito.

(239 palabras)

Anotaciones

1. **el botellón:** *das Besäufnis*; 2. **animar a alguien a hacer algo:** *jdn. ermutigen*; 3. **polideportivo:** *Sportanlage*; 4. **calimocho:** *billiges Alkoholgemisch*; 4. **dejar de ir:** *nicht mehr hingehen*; 9. **ligar:** *anbandeln*; 14. **acordarse de:** *sich an etw. erinnern*; 16. **criar:** *aufziehen*.

Tareas

1. **Explique con sus propias palabras la situación de Moncho y Josefina.**
2. **Compare estos dos casos y subraye semejanzas y diferencias.**
3. **Creatividad. Una carta para un corresponsal. Imagina que Ud. es corresponsal de Moncho o de Josefina y escriba una carta describiendo cómo es la vida de los jóvenes en su región.**

La droga no soluciona mis problemas

Enrique, de Cali (Colombia) es un joven de 18 años que tuvo muchos problemas con la droga. «El problema es que aquí la droga está en todas partes», dice. Cuando le preguntamos por qué empezó a consumir, él da una razón: «Muchos problemas familiares, sobre todo con el marido de mi madre.» Enrique cuenta que al principio los amigos lo llevaron a la droga. «Hay mucha frustración en la sociedad. Los jóvenes no somos importantes para nadie. Todos nos exigen que estudiemos mucho para tener buenas notas, pero la presión es muy fuerte. Cuando terminas el colegio, ¿quién te paga la universidad? No hay trabajo, no hay perspectivas. Yo, la verdad, no he podido resistir. Por eso empecé con las drogas. Primero fue poco, pero después mi consumo fue aumentando.» Eso fue el 2005 cuando él tenía 16 años. Ahora Enrique ha dejado la droga gracias a una institución que trabaja con los jóvenes de la calle. «Me di cuenta a tiempo de que la droga no soluciona mis problemas. Es más, los empeora.»

Teresa I. es otro caso. Ahora, a los 18 años, ya tiene un bebé de 2 años. «Todo empezó con el botellón», nos dice, «yo salía los fines de semana con mis amigos y tomábamos mucho alcohol. No me acuerdo de muchas cosas que han pasado. Ahora estoy muy sola. ¿Dónde están mis amigos parranderos?» Actualmente ella vive en casa de sus abuelos, quienes le ayudan a criar a Esteban. «No sé quién es el padre de mi hijo y eso me da mucha vergüenza.» Su sueño de ser cantante como Shakira no se hará realidad.

(276 palabras)

Anotaciones

4. **el marido de mi madre**: *mein Stiefvater*; 6. **la presión**: *der Druck*; 11. **darse cuenta**: *erkennen, feststellen*; 12. **empeorar**: *verschlimmern*; 15. **acordarse de**: *sich an etw. erinnern*; 16. **parrandero**: va mucho a las fiestas, le gusta la parranda; 17. **criar**: *aufziehen*; 17. **la vergüenza**: *Scham*.

Tareas

1. **Explique con sus propias palabras la situación de Enrique y Teresa.**
2. **Una carta para un corresponsal. ¿Cómo es la situación de la juventud en Alemania? Imagine que Ud. es corresponsal de Enrique o de Teresa y escriba una carta describiendo cómo es la vida en tu país.**
3. **Comente el título del artículo.**

Perdiendo el control

Peter es un joven que vive en un barrio de Barsinghausen, en Baja Sajonia. Va al instituto local y es un alumno promedio. Sus cursos favoritos son Historia y Política. Estudia aplicadamente de lunes a viernes. «Pero el sábado, me malogro con la cerveza.» Sus padres se han preocupado mucho sobre este problema, pero Peter bloquea el asunto. «Lo que hago el fin de semana, es mi problema.»

La psicóloga Birgit Bloch, que hace una encuesta a jóvenes que consumen alcohol en exceso, ha conversado con él.

– ¿Cuáles son tus motivos para beber alcohol?

– Es mucha presión. Todos quieren algo de ti, todos te exigen. Los padres, los profesores, la sociedad. Entonces uno necesita una válvula de escape.

– Pero tú ya has tomado dos veces hasta la inconsciencia. ¿Por qué bebes tanto?

– No sé, no sé cómo explicarlo. Estoy tomando, una, dos, tres cervezas, y luego me entusiasmo y después ya no paro.

– Pero es un juego peligroso, ¿no crees?

– Sí y no. Yo sólo bebo cerveza. Los «otros» beben tequila y tragos fuertes. Esos se malogran el cerebro.

– ¿Y tú no?

– Yo no. Yo tengo todo bajo control.

(192 palabras)

Anotaciones

2. **alumno promedio:** *Durchschnittsschüler*; 3. **malograrse con la cerveza:** *sich mit Bier volllaufen lassen*; 4. **bloquear:** *abblocken*; 7. **en exceso:** mucho; 10. **la válvula de escape:** *Ventil*; 16. **el cerebro:** *das Gehirn*

Tareas

1. **Explique la situación de Peter.**
2. **«Yo tengo todo bajo control», dice Peter. Comente esta frase.**
3. **Creatividad. Imagine que Peter es un buen amigo suyo. Escríbale una carta tratando de aconsejarle.**

Pilar quiere divertirse

Las últimas semanas no han sido nada buenas. Tratando de estudiar para los exámenes, leyendo libros que no comprendo, discutiendo con los profesores, peleando con mis padres y a veces también conmigo misma. Simplemente no paro. No descanso, no me relajo. Todo es presión y todo son exigencias y obligaciones, y es tanto, que últimamente he tenido poco tiempo para dormir, cargada de angustia y de preocupaciones.

Y a decir verdad, la culpa de todo la tiene Felipe. O quizás yo. Tal vez los dos juntos. Al principio, todo parecía mucha felicidad. Felipe y yo nos conocemos desde la primaria, pero lo nuestro comenzó en serio en las últimas vacaciones de verano. Nos íbamos a nadar. Por la noche a la disco, tomábamos unas cervezas, bailábamos desaforadamente hasta el cantar de los gallos. Pasamos mucho tiempo juntos, casi todos los días, de lunes a viernes. A mi padre no le gustó la situación, pero él no dijo nada. La que se puso toda una fiera fue mi madre. Sí, mi madre me vigila. Casi domina todo un servicio de inteligencia, tiene contactos por todas partes. A veces me mira con sus ojos penetrantes y me dice: «Hija, yo ya sé cómo va a terminar todo ésto.» Y casi siempre termina mal, es como si se cumpliera su vaticinio, como si todo el universo se conjurara para que mamá tenga razón.

Y así, con el pasar de los meses, Felipe cambió. A veces yo lo descubría observándome. El silencioso, mirándome.

– Tú bebes mucho – me dijo un día. Yo me quedé espantada.

– ¿Cómo dices? ¿Yo bebo mucho? ¿Estás borracho, o qué? – le respondí.

– Es que casi bebes como un chico. No como una chica. Una chica bebe una o dos cervezas, y ya no bebe más. Pero tú bebes sin parar. Ya te he llevado varias veces cargada al coche.

– ¿A ti qué te pasa? ¿Qué? ¿Las chicas no podemos beber un par de tragos? Vivimos en España, querido. Y las mujeres somos emancipadas.

– Claro que sí – respondió Felipe –, pero yo pienso igual que tu mamá. Que bebes un poco demasiado.

– ¿Cuándo has hablado con mi madre tú, eh? Traidor.

– Yo no soy un traidor. Sólo me preocupo. Te lo digo por tu bien – respondió.

– ¿Sabes una cosa? Si te entiendes tan bien con mi madre, sal con ella y déjame en paz.

Diciendo eso, cogí mis cosas y lo dejé solo. Cerré la puerta de su casa y me marché. Esperé diez minutos a que Felipe saliera a buscarme, como en las películas. Pero Felipe no salió. «Si te importo, deja de beber.» Ese fue su mensaje por móvil. «Si te importo, acéptame como soy», le respondí. Estuve en casa esperando su respuesta horas enteras. No me respondió. Entonces decidí bloquearlo. Aguanté tres días, casi cuatro. Después traté de desbloquearlo. Pero él ya me había bloqueado a mí. Eso me causó mucho dolor, como un cuchillo en la garganta. Al final fui a buscarlo.

– Perdóname – le dije –, haré lo que tú digas.

– No, Pilar. Yo no quiero que tú hagas lo que yo diga. Haz lo que tú quieras y vive tu vida como te parezca mejor. Si tú quieres destruir tu vida, es tu decisión. Pero no quiero que destruyas la mía también.

(538 palabras)

Anotaciones

5. **cargada de angustia**: llena de angustia; 9. **desaforadamente**: sin parar; 9. **hasta el cantar de los gallos**: *bis zum Tagesanbruch*; 11. **ponerse una fiera**: enojarse mucho; 15. **el vaticinio**: la profecía; 18. **espantada**: chocada; 26. **un poco demasiado**: *etwas zu viel*; 28. **el traidor**: *der Verräter*; 35. **aguantar**: *durchhalten*

Tareas

1. **Resuma el texto.**
2. **Caracterice a Pilar y Felipe.**
3. **¿Qué le parece la reacción de Pilar ante la preocupación de Felipe?**
4. **Escríbale una carta a Pilar contándole cómo es tu situación y tratando de aconsejarle.**

V.

México

México en la encrucijada

México es un país clave en la actualidad, como un ave a punto de alzar el vuelo. Su posición geográfica lo ha destinado a servir de puente entre dos mundos distintos, casi opuestos. En realidad, el país siempre ha desempeñado un rol de catalizador, o mejor, de transformador, comunicando la cultura norteamericana al resto de pueblos latinoamericanos, de tal modo que muchos ven a Estados Unidos con ojos mexicanos. Basta tan sólo considerar la importancia de la difusión cultural proveniente de México, no sólo en la industria editorial sino también en la producción televisiva y cinematográfica.

Pero México no sólo ha significado un foco de iluminación y cultura para los pueblos hispanoamericanos. También entraña serios conflictos no resueltos, iniciados con la revolución mexicana, a inicios del siglo XX, y perpetuados con el largo régimen del PRI. En México, todo es más intenso, la riqueza y la pobreza, pero también los conflictos. Así tenemos que el narcotráfico ha recrudecido y afecta de manera considerable la médula de una sociedad activa y progresista. Algunos sociólogos hablan de la «colombianización» de México, y hasta se ha acuñado un verbo, según el cual México se está «afganistando». El fenómeno de emigración masiva, según el lema de sálvese quien pueda, agrava la situación.

Esto debe preocuparnos en España, no sólo porque México es un socio económico muy importante, sino porque este país significa una forma especial de comunicarse. Los vínculos entre España y México se han venido estrechando en los últimos años, y la cooperación se ha incrementado, de manera mutua. Muchas cosas hemos podido aprender e intercambiar en los últimos decenios, no sólo libros y artistas de cine. México es sencillamente, la puerta a Latinoamérica, y para España México siempre ha tenido las puertas abiertas y una mano franca. El mexicano post-moderno no corresponde al estereotipo del hombre durmiendo la siesta a la sombra de un cacto, sino es un tipo más serio y formal, sin perder su sentimentalismo.

Precisamente por esta relación especial entre España y México es necesario aunar esfuerzos para recuperar la estabilidad en la región. No sólo su importancia económica sino sobre todo su función como nación-modelo está en juego. Las mafias deben ser combatidas de manera eficiente, si no, el país se terminará criminalizando totalmente. Para ello es importante encontrar mecanismos razonables que corten la fuente de ingresos de los carteles. La legalización de las drogas es una medida urgente. El monopolio estatal debe poner fin a esta guerra inútil.

(415 palabras)

Anotaciones

1. **la encrucijada:** *der Scheideweg*; 1. **a punto de alzar el vuelo:** va a despegar; 8. **foco:** *Fokus*; 9. **entrañar:** contener; 10. **PRI:** Partido Revolucionario Institucional, *ehemalige Einheitspartei*; 12. **recrudecer:** empeorar; 14. **acuñar:** *einen Begriff prägen*; 15. **agravar:** empeorar; 18. **vínculo:** *Beziehung*; 19. **se han venido estrechando:** han mejorado mucho; 21. **decenio:** *Jahrzehnt*: 23. **franca:** *aufrichtig, offen*; 26. **aunar esfuerzos:** con energía; 28. **está en juego:** está en peligro; 30. **cortar la fuente de ingresos:** *die Einnahmequelle entziehen*

Tareas

1. Resuma el artículo.
2. Analice cómo el autor explica el fenómeno de la emigración en México.
3. ¿Por qué afirma el autor que México está en la encrucijada? - Explique.
4. «La legalización de las drogas es una medida urgente.» - Formule su punto de vista.

Juanito en la encrucijada

Pues, Manito, qué te diré yo de mi paso por los Yunaites, si fue toda una aventura que pa' que te cuento. Yo nací en Tijuana, no sé si fue el ochenta o el ochentaiuno porque en mi partida de nacimiento figura que fue el ochentaiuno, pero mi madre que en paz descanse me decía que nací el ochenta y que me quitó un año por lo chiquito que era. Lo cierto es que cuando mi madre me mandó a la escuela yo era el más pequeño de todos los chicos de mi clase, en mi escuelita de la Colonia Matamoros, y por eso me decían Juancho, y al final me quedé con Juanito. Pero allí yo no duré mucho porque al poco tiempo mi madre pasó a mejor vida y yo pasé a vivir con un tío que en vez de mandarme a la escuela me mandaba a vender periódicos y a recoger restos de basura. Así que crecí sin educación y sin nada, sólo con mis amiguitos, que también recogían basura como yo. Juntábamos los restos de comida que encontrábamos, y después por la tarde los repartíamos.

Los Yunaites están al otro lado de la vida. Uno los puede ver si se sube a un edificio o a una colina. Allí todo es bien limpiecito y ordenado, los jardines son verdes. La vida es de otro color. Mejor dicho, allá la vida es a colores. Y no hay caos, nada de ruido ni de polvo. San Diego y Tijuana son para mí como el hermano rico y el hermano pobre. Y yo siempre trataba de meterme a los Yunaites, pero precisamente por acá los controles son más severos. No pasa ni una mosca.

En uno de esos intentos fue que conocí al Jefe. Era un tipo peligroso, pero yo qué iba a saber que era tan peligroso. Lo cierto es que con su ayuda yo empecé a entrar a los Yunaites de manera legal. Yo entraba, entregaba mis «paquetes», pasaba unos días en San Diego y después volvía a Tijuana. Aquí, pensando en lo lindo que es allá, yo sólo me deprimía.

(350 palabras)

Anotaciones

1. **Manito = hermanito:** *mein Freund*; 1. **los Yunaites:** *Estados Unidos*; 1. **pa':** para; 3. **la partida de nacimiento:** *die Geburtsurkunde*; 3. **que en paz descanse:** *möge ihre Seele in Frieden ruhen*; 4. **chiquito:** *schmächtig*; 7. **pasar a mejor vida:** *morir*; 13. **colina:** *Hügel*; 14. **nada de ruido ni de polvo:** *weder Lärm noch Staub*; 17. **ni una mosca:** nadie; 21. **lo lindo que es allá:** *wie schön es drüben ist.*

Tareas

1. **Escriba un resumen del testimonio.**
2. **Caracterice a Juancho.**
3. **«Los Yunaites están al otro lado de la vida.» - Explique por qué Juancho ve la vida así.**
4. **Juancho dice que en Tijuana se deprime. Escríbale una carta.**

Carta de un lector desilusionado

San Diego, 4 de agosto de 2010

Estimada Sra. Pacheco,

Seguramente usted está acostumbrada a recibir cartas de admiradores y de lectores agradecidos. Mi carta es distinta. Me llamo Pedro Juárez Tizoc, y nací en Guanajuato, hace cuarenta años. Actualmente vivo en San Diego, después de haber adoptado la nacionalidad norteamericana.

Empecé a leer sus relatos con curiosidad, ya que todo el mundo hablaba de Cristina Pacheco y de su talento literario. Pero para mí todo terminó con un tremenda decepción. Los personajes que usted presenta son estereotipos del inmigrante mexicano. Prácticamente usted nos vende a los lectores hispanohablantes una forma de ver a los mexicanos desde una perspectiva empobrecedora y pequeña.

Es verdad que los inmigrantes mexicanos, nuestros hermanos, tienen que superar un camino lleno de sacrificios y de humillaciones. Pero todos ellos son dignos, son personas dignas. Y aunque no todos alcanzan la prosperidad económica de la clase media ni llegan a ser aceptados completamente en Estados Unidos, no se trata de una clase de gente ignorante ni de fracasados, como usted nos lo presenta en sus relatos. Tampoco se trata de víctimas ni de personas deformadas.

Los mexicanos que deciden emigrar a Estados Unidos lo hacen por distintos motivos. Cada historia personal es un destino individual. Y yo durante mucho tiempo solía ver a los inmigrantes mexicanos desde la perspectiva que usted muestra. Pero poco a poco me fui dando cuenta que cada uno de nosotros en algún momento tomó la decisión de dejar todo atrás y de ponerse en marcha para comenzar de nuevo. Lo digo porque lo más fácil es resignarse, conformarse con la situación y seguir viviendo en México, sabiendo que desde décadas y siglos nada ha cambiado. Usted, que nació en una familia acomodada y que tuvo una educación de calidad, ahora nos cuenta a nosotros una historia que no es nuestra.

Nosotros nos atrevimos a abandonar nuestra patria. Dejamos a nuestros amigos y a nuestra familia. Y no fue fácil comenzar en un país donde todo es completamente distinto, comenzando por el idioma, la mentalidad y las costumbres. Y aun cuando luchamos mucho tiempo por integrarnos y por ser aceptados, tenemos que vivir sin raíces, porque en México, ya no somos mexicanos, y en Estados Unidos nunca seremos gringos, aunque tengamos el pasaporte azul y hayamos cambiado de águila.

(392 palabras)

Anotaciones

1. **desilusionado**: *enttäuscht*; 2. **agradecido**: *dankbar*; 10. **empobrecedor**: *armselig, die Armut betonend*; 12. **digno**: *würdig*; 15. **fracasado**: *gescheitert*; 20. **darse cuenta de algo**: *etw. erkennen*; 24. **la educación de calidad**: *eine ausgezeichnete Schulbildung*; 25. **atreverse**: *es wagen, etwas zu tun*; 28. **sin raíces**: *entwurzelt*; 30. **cambiar de águila**: (ugs.) *den mexikanischen Adler für den amerikanischen aufgeben, sich einbürgern lassen.*

Tareas

1. Escriba un resumen de la carta.
2. ¿Qué le parece esta crítica? Exponga su punto de vista y fundamente sus tesis recurriendo a los relatos leídos en clase.

Una noche de insomnio

Hilaria no puede dormir. La luna redonda ilumina los techos de la ciudad, afuera se escuchan muchos ruidos: perros ladrando, jóvenes cantando, algunos hombres discutiendo, tal vez un par de borrachos.

Sobre la mesa de noche, la carta de Juanito. «No sé cómo decirte lo que tengo que decirte. Prepara tus cosas y vente conmigo. Podemos casarnos por la iglesia, si quieres. Te necesito.» Nada más. ¿Le estaba proponiendo matrimonio? Hilaria estaba intranquila. No era la forma adecuada de pedir su mano. Era como decirle: «Cásate conmigo, sí o sí.» Ella esperaba una situación más dulce, más romántica. ¿O era una fantasía del cine?

– Este burro debió venir hasta aquí, hablar con mi madre y pedir mi mano, como la gente decente – pensaba Hilaria, en voz alta.

Ahora estaba ante un problema. Se levanta a buscar papel y lápiz. Ni uno ni otro. Además, ¿qué le diría?

– Mejor no le contesto – murmura –, será la forma más fácil de rechazarlo.

De repente alguien toca la puerta de su cuarto. Hilaria se sobresalta. Luego entra su madre.

– ¿Qué pasa? ¿A poco que no puedes dormir? – la pregunta. Hilaria se queda callada un momento. Su madre no espera una respuesta.

– ¿Carta del Juan? Ese tipo no vale, te digo. Lo que tú tienes que hacer es quedarte con tu familia y con tus amigos. Te necesitamos aquí en México. ¿Comprendes? Y si se te da por casarte, fíjate bien y abre los ojos, que Antonio el farmacéutico está que bebe los vientos por ti.

– Puede ser, mamá, pero Antonio es viejo – responde Hilaria, en voz baja.

– Pero es farmacéutico, Hilaria. Deja ya de soñar y despierta. Yo ya quiero tener nietos y quiero verlos crecer cerca de mí.

– ¿Y si no quiero casarme?

– ¿Qué idioteces hablas, Hilaria? Todas las mujeres quieren casarse. No hay nada que discutir. Ahora escríbele al Juancho y dile que te casas con el Antonio.

– Pero si Antonio ni siquiera me ha preguntado.

– Entonces mañana vas y le preguntas. Ya deja de pensar. Cuando te cases, se acabarán tus problemas.

(346 palabras)

Anotaciones

2. **ladrar:** *bellen*; 5. **por la iglesia:** *kirchlich*; 7. **sí o sí:** *keine Widerrede*; 9. **Este burro:** se refiere a Juancho; 9. **pedir la mano:** *um jemandes Hand anhalten*; 13. **rechazar:** decir que no; 20. **beber los vientos por alguien:** *jdn. vergöttern*; 23. **el nieto:** *das Enkelkind.*

Tareas

1. Escriba una resumen del cuento corto.

2. a. Compare la situación de Hilaria con la de Marcia del relato «Desde el Norte».
b. Caracterice a Hilaria y a su madre.

3. a. ¿Qué le parece la actitud de la madre? Fundamente su punto de vista.
b. ¿Qué decisión tomará Hilaria? Escriba una continuación plausible.

La misión del calvinista

Cuando vi por primera vez el cortometraje *Quiero ser*, supe que no se trataba de un director mexicano, no sólo porque la trama era muy sencilla, sino también porque el lenguaje no era mexicano, las acciones no eran mexicanas. Tenía que ser un gringo, pensé, porque los gringos no nos miran bien, en el amplio sentido del término, siempre tratan de criticarnos, de decirnos cómo tenemos que hacer las cosas, de explicar las causas de por qué somos, a su modo de ver, subdesarrollados. El gringo siempre ha tenido un complejo de civilizador.

Para mi sorpresa, me enteré de que Florian Gallenberger no era gringo, sino de origen alemán. ¿Cómo puede un alemán producir semejantes incongruencias? Bueno, la pregunta me la hice porque los alemanes, aparte de que casi siempre nos eliminan en los mundiales de fútbol, son gente seria, moderada, ecuánime, incapaces de producir algo que tergiverse la verdad. Así pensaba yo, pero después tuve que darme cuenta de que estaba pensando en términos de un estereotipo. Los mexicanos siempre hemos admirado a los alemanes, a pesar de que siempre nos han derrotado en los estadios.

La trama de *Quiero ser*, aparte de ser melodramática, no es auténtica. Ni la telenovela más barata de México igualaría una simpleza semejante, y esto que nuestras telenovelas apenas son digeribles. ¿Cuándo se ha visto que un mexicano abandone a un familiar de esa manera? Juancito simplemente no es un mexicano. Al mexicano se le partiría el alma antes de abandonar a un familiar suyo. El mexicano no calcula, no puede ser cruel con sus seres queridos. Esa es mi forma de pensar. Juancito es el estereotipo del niño pobre y noble, y se sugiere que su integridad moral será causa de su progreso y éxito material. Y además, años después, el Juan ya adulto, todo un ejecutivo, se encuentra con la verdad de su pasado, y a pesar de que reconoce a Jorge y a pesar de que es consciente del duro destino que le ha tocado a su hermano mayor, sigue de largo y lo ignora.

No exagero. Hay que ver no más las estadísticas. Los mexicanos somos los latinoamericanos más volubles, más cariñosos, más solidarios, más tristes. Florian Gallenberger nos muestra unos mexicanos que no son mexicanos. Esa es su visión capitalista y apostólica, la misión del calvinista.

(392 palabras)

Anotaciones

1. **el calvinista**: *protestantischer Christ, der an die Prädestinationslehre glaubt, wonach der Reichtum und der Erfolg für die auserwählten Seelen vorgesehen sind*; 4. **el gringo**: una persona natural de Estados Unidos, de raza blanca; 4. **en el amplio sentido del término**: *im wahrsten Sinne des Wortes*; 6. **a su modo de ver**: *seines Erachtens*; 8. **la incongruencia**: *die Ungereimtheit*; 9. **el mundial**: *die Fußball-WM*; 10. **ecuánime**: *besonnen*; 10. **tergiversar**: *verfälschen*; 13. **derrotar**: *besiegen*; 16. **digerible**: *verdaulich, zumutbar*; 17. **partírsele el alma a alguien**: *jdm. das Herz zerbrechen*; 21. **el ejecutivo**: *der Manager*; 25 . **voluble**: *empfindlich*

Tareas

1. **Resuma el artículo.**
2. **Explique qué le parecen estas frases:**
   «El gringo siempre ha tenido un complejo de civilizador.» (l. 6.)
   «¿Cómo puede un alemán producir semejantes incongruencias?» (l. 8.)
3. **Redacte una carta respondiendo al autor.**

VI.

Argentina

Una historia sin moral

La obra de Claudia Piñeiro, titulada *Tuya*, es un conjunto de fragmentos que no constituyen una unidad y que no pueden ser considerados una novela. En todo caso, se trata de una novela incompleta.

Resulta difícil considerarla una novela post-moderna. Sólo tenemos tres voces: Inés, la narradora en primera persona, los diálogos de Lali y los fragmentos escritos desde la tercera persona. Las perspectivas de Alicia, de Amparo y de Ernesto, personajes implicados, faltan totalmente. Además no se la puede considerar una novela policial porque falta el personaje central, el detective.

En la historia falta una dimensión moral. Por lo general, el detective se encarga de aclarar el caso, de determinar a los culpables y de entregarlos a la justicia. En realidad, la trama termina con el asesinato de Amparo (Charo). Nada queda claro. Hay crímenes, pero no hay castigo. Ernesto, el seductor, es un caso muy especial. Primero, engaña a su esposa Inés con su secretaria, Alicia. Después se enamora de la sobrina de Alicia, Amparo, una mujer más joven y más atractiva. Alicia constata su embarazo de doce semanas justo cuando Ernesto trata de explicarle que lo suyo ya terminó y que ahora la ha reemplazado por Amparo. Según el relato de una testigo, nadie menos que Inés, sabemos que Alicia es víctima de homicidio. Abrumado por la situación, Ernesto sepulta el cadáver de su amante en el lago.

En realidad, este hecho podría ser un factor determinante para comenzar de nuevo. Pero Ernesto continúa en el engaño y pretende deshacerse de su esposa Inés para quedarse con Amparo. Al final, sabemos que Inés, cansada de encubrir a un hombre sin moral, ejecuta a Amparo, disparándole con el revólver que tiene las huellas digitales de Ernesto.

¿Cuál es la moral de la historia? Es una historia sin moral. El lector se queda vacío, con un nudo en la garganta. No hay soluciones, sólo problemas. El único aspecto positivo nos lo muestra Lali, porque ella da vida a un bebé lejos de la vida de unos padres egoístas y perversos.

(345 palabras)

Anotaciones

4. **constituir una unidad:** *eine Einheit bilden*; 9. **encargarse:** *für etwas zuständig sein*; 11. **la trama:** *die Handlung*; 12. **el castigo:** *die Strafe*; 17. **abrumado:** *überfordert*; 20: **engañar:** *betrügen/fremdgehen*; 17. **sepultar a alg.:** *begraben*; 21. **encubrir:** *decken*; 23. **con un nudo en la garganta:** mit einem Kloß im Hals

Tareas

1. **Resuma el artículo.**
2. **Explique si la obra puede ser considerada una novela policial.**
3. **«Una historia sin moral» - Exponga su punto de vista.**

Tú ya no

Tuya es la historia de una infidelidad y de sus consecuencias. Claudia Piñeiro construye con esto un muy buen relato policial donde no faltan las constantes del género: un crimen, la investigación posterior, un culpable y una buena dosis de suspenso. Inés narra en primera persona, y en estos capítulos queda definido su carácter y su manera de pensar: está dispuesta a todo para guardar las apariencias de la familia feliz; es manipuladora, al punto de haber quedado embarazada para obligar a Ernesto a casarse con ella; se siente por momentos la «madre» de su marido, la que le organiza y le ordena su vida; no se ocupa demasiado de su hija e incluso rivaliza con ella por la atención del padre; es precavida y calculadora ya que, por las dudas, abre una cuenta secreta en un banco para guardar su plata; y es negadora – aunque según ella solo busca siempre el lado positivo de las cosas –, lo que la lleva a minimizar la infidelidad y a justificarla en un comienzo.

Más allá del relato policial en sí mismo, *Tuya* es también un retrato de ciertas mujeres de clase media alta, lo que configura lugares comunes, estereotipos fácilmente identificables, producto de una sociedad machista que estas mujeres alimentan y trasmiten a sus hijos. La voz de la madre de Inés es un ejemplo de este machismo femenino; es ella la que incita a Inés a obligar a Ernesto a casarse como sea y la que establece claramente la división de roles en un matrimonio. La otra madre que perpetúa el machismo a través de su comportamiento es la de Iván, el novio de Lali. Cuando la adolescente la llama por teléfono y le pide hablar con su hijo, es ella la que le dice: «el error fue tuyo, ¿estamos de acuerdo, no?» y le exige que los deje en paz.

(322 palabras)

Anotaciones

5. **guardar las apariencias:** *den Schein wahren*; *8.* **precavido:** cuidadoso; 10. **la plata** (Sudam.): el dinero; 10. **la negadora:** persona que niega la realidad; 13. **la clase media alta:** *die gehobene Mittelschicht*; 16. **incitar a hacer algo:** *jdn. zu etwas verleiten*; 17. **perpetuar:** para siempre

Tareas

1. **Resuma el texto.**
2. **Explique si se podría clasificar la novela Tuya dentro del género de la novela policíaca.**
3. **Machismo femenino - explique este concepto y fundamente si es válido aplicarlo a la novela.**
4. **Explique el título: ¿Tú ya no?**

El dilema de Liliana

Días hubo en que me iba por ahí, sin rumbo, a veces vomitaba. Me sentaba en un parque y trataba de recuperar el aliento. Y justo en ese momento, cuando una necesita una mano franca y un buen cariño, allí no venía nadie, como si los hombres con el olfato supieran «ésta ya está perdida», «de ésta no se puede sacar nada más», y así, me sentía toda leprosa, excluída, indeseada, como con nube negra encima. Y por lo demás, qué nombre iría a ponerle a mi criatura. ¿Apellidaría Vílchez García como yo? Patatús le iba a dar a mi padre porque él también llevaba los apellidos de su madre y se avergonzaba. «Hija, yo no he progresado por ser hijo natural. Es como llegar al mundo sin derechos, como nacer para ser esclavo.» Ah, y allí lloraba yo, cerca del mercado de Surquillo, en Junín. Me fui al Zanjón y me paré en el puente y veía pasar los buses y los automóviles que venían del Centro o se iban al Centro y así sentí mi vida, un raudo vaivén, un ir y venir, y en ese momento de desconcierto yo estaba pensando tirarme para abajo para acabar de una vez por todas con este lío, a lo mejor se trataba de un mal sueño y así despertaba, y eso estaba pensando, cuando se me acercó un tipo con camisa a cuadros. «Oye, tú eres del barrio, ¿no? Estás pálida.» Me dijo que no convenía estar en la Vía Expresa por la contaminación, me contó que había venido a vender su pescado y me invitó a tomar un jugo. Me lo dijo con los ojos diáfanos, no con esa guarrería que tienen los hombres, y me contó varios chistes, pero no colorados, para animarme. «¿No te provoca venirte conmigo? Mira, me he guardado unos pejerreyes.» Tomamos la línea tres, la B que iba a San Genaro, y me volvió la color al rostro. «Me llamo Rogelio, ¿tú eres la Liliana, no? Ya te había visto.»

(339 palabras)

Anotaciones

1. **vomitar**: *sich übergeben*; 2. **una mano franca**: una buena persona; 3. **con el olfato**: *hier: ahnend, mit dem Riecher*; 4. **el leproso**: *der Aussätzige*; 6. **darle patatús a alguien**: *einen Anfall kriegen*; 8. **el hijo natural**: *uneheliches Kind*; 11. **un raudo vaivén**: *ein Hin und Her*; 12. **tirarse para abajo**: *hier: sich von der Brücke hinunterstürzen*; 16. **diáfano**: *rein*; 17. **la guarrería**: *die Geilheit*; 17. **colorado**; *dunkelrot*; 18. **los pejerreyes**: *kleine Fische*.

Tareas

1. **Resuma el texto.**
2. **Compare la situación de Liliana con la de Lali, de la obra Tuya.**
3. **Comente la frase del padre de Liliana: «Hija, yo no he progresado por ser hijo natural. Es como llegar al mundo sin derechos, como nacer para ser esclavo.»**

Testimonio de una abuela[1]

Cuando Andrea desapareció, me dio mala espina. Mi hija y su esposo notificaron a la policía, pero primero pensaban que era una especie de rebeldía. Pero Andrea qué iba a ser rebelde ella, si ella era de lo más bueno que había. Ni siquiera tenía muchos amigos, sólo alguna que otra amiga de la escuela. Ella más bien era una chica de su casa y de su cuarto, con sus peluches y muñecas de toda la vida. Yo lo que temí al principio es que la hubieran secuestrado o le hubieran hecho algo porque ella era muy bonita. Tenía unos ojos azules con pestañas largas y el cabello rubio oscuro, con mechones castaños, una típica joven porteña de clase media.

Cuando pasó una semana, mi hija empezó a desesperarse, a llorar desconsoladamente. Entonces mi yerno, que era coronel del Ejército, se puso a llamar por teléfono a mucha gente, tratando de mover cielo y tierra hasta encontrarla. Allí él me dijo que el gobierno perseguía a los rojos y que seguro habían atrapado a Andrea por causa de un error, o por una confusión. El me lo dijo a mí y no a mi hija, y me pidió que no se lo dijera, para que no se desesperara.

Lo peor vino después. Como en el Ejército no le daban respuesta, mi yerno empezó a perder los papeles. Se hizo muchos enemigos dentro de los mandos militares. El habló con el General Manzone y le pidió que liberaran a Andrea, que la habían confundido con otra persona, pero el General Manzone le dijo que en Argentina no había presos políticos y que él no podía hacer nada.

A los pocos días desapareció mi yerno. Yo lo vi salir por la mañana, cansado y mal dormido, y ya no volvió más. »¿Vos te creés que el Ejército va a admitir que ha cometido un error?» Eso fue lo último que me dijo.

Mi hija casi se volvió loca. Y así, a veces pienso que la Dictadura me ha quitado a mi familia y me ha dejado en el completo abandono. Perdí a mi nieta, perdí a mi yerno, y casi he perdido a mi hija, quien sólo depende de la medicación y está inhabilitada totalmente. En mi soledad, he aprendido a comprender a la gente del otro lado, a los rojos, a las abuelas de Plaza de Mayo, reclamando justicia. Yo ya ni tengo fuerzas para salir a la calle. Y esta es quizá la única posibilidad de contar lo que me ha pasado, porque en el Ministerio y en los Juzgados nadie me cree y hasta me tratan como a una vieja loca. Yo no quiero venganza, tampoco reclamo justicia. Sólo quiero saber dónde están mi familiares.
(María Paz, 2004, 75 años)

(465 palabras)

Anotaciones

1. **darle mala espina a alguien**: pensar que algo grave ha ocurrido; 5. **el peluche**: *Plüschtier*; 7. **pestaña**: *Wimper*; 7. **mechón**: *Locke*; 8. **porteño**: *aus Buenos Aires*; 10. **el yerno**: el esposo de la hija; 11. **mover cielo y tierra**: hacer todo lo posible; 12. **los rojos**: *allgemeine Bezeichnung für linksradikale und sozialdemokratische Kräfte*; 13. **la confusión**: *hier*: *die Verwechslung*; 16. **perder los papeles**: reaccionar con cólera; 18. **el preso político**: está en la cárcel por sus convicciones políticas; 23. **el abandono**: *Verlassenheit*; 29. **la venganza**: *die Rache*; 30. **reclamar justicia**: *Gerechtigkeit fordern*

1 Der Text ist fiktiv, basiert jedoch auf nachgewiesenen historischen Fakten.

Tareas

1. Resuma el testimonio de María Paz.
2. Compare el caso de Andrea con la situación de Gaby en el relato Las cartas de Juan.
3. «En mi soledad, he aprendido a comprender a la gente del otro lado, a los rojos, a las abuelas de Plaza de Mayo, reclamando justicia.» Explique qué le parece esta afirmación de la abuela de Andrea.
4. Escríbale una carta a la abuela tratando de ayudarla a sobrellevar la situación.

La historia se repite

Salí de la Universidad, tomé el metro y volví a casa. Allí encontré a mi abuela llorando. Cuando le pregunté por qué lloraba, no me contestó y siguió sollozando. Después de un vaso de agua, se tranquilizó un poco.

– Es que se han llevado a tu padre. Dios mío, ¿por qué otra vez?

– ¿Cómo que se lo han llevado? ¿Quién se lo ha llevado?

– ¿Y yo qué se? – contestó mi abuela, irritada. Y luego continuó:

– Eran unos tipos con chaquetas negras y lentes oscuros. Pero antes de llevárselo lo golpearon como a un saco de patatas.

– Pero abuela, eso no es posible. Esas cosas no pasan aquí en la Argentina. ¿Estás segura?

Se lo pregunté porque mi abuela se había vuelto olvidadiza en los últimos años. Pero ella se puso histérica:

– ¿Y vos creés que me voy a andar inventando cosas? ¿Vos creés que voy a hacer bromas con algo tan serio? Pero yo se lo dije. Yo se lo advertí: «Hijo, no te metas en política, no te andes con problemas.» Pero él no me hizo caso, el testarudo.

– ¿Y ahora qué vamos a hacer, abuela?

– Pues rezar, hija. Sólo nos queda rezar – y se puso a llorar otra vez.

– ¿Y ya lo sabe mamá?

– Sí, ya lo sabe. Se lo dije como ahora te lo estoy diciendo a vos, Clara. Y ella salió corriendo a la comisaría. Yo le pedí que no fuera, que se iba a meter en problemas, que a lo mejor a ella también la meten a la cárcel. Pero no, ella se fue. Hasta ahora está volviendo.

Creo que recién entonces empecé a comprender lo que había pasado. Y me puse a llorar.

– ¿Es que vos no me creías? Pero si te he dicho que se lo han llevado. Igual que a tu abuelo en España. Después de la Guerra Civil nos vinimos para acá, y yo le dije a tu padre: »Hijo, no te metas en política. Vos de la casa al trabajo y del trabajo a la casa." Pero no, la cabra tira al monte. »Dejá de jugar a la justicia social", le decía yo. Pero tú ves el caso que me hacía.

La abuela me abrazó, tratando de consolarme.

– Y parece que la historia se repite. Nosotros nos vinimos huyendo de la historia, y tratamos de comenzar de nuevo en un país distinto. Y la Argentina tiene sus cosas, pero es un país tan hermoso. Y nos acogieron. Aquí creció tu padre, aquí él conoció a tu madre, aquí naciste vos.

– No te preocupes, abuela, ya volverá. Seguro se ha tratado de un error.

– No, Clara. Los militares no perdonan. La historia no perdona. Mejor debimos quedarnos en España. Igual, ya lo habíamos perdido todo.

– Tranquila, Abu – le dije.

– Mejor harás en irte a Mendoza, donde vive tu tía Laura. Porque así como están las cosas, tal vez te vienen a recoger a vos también.

– Pero qué cosas dices, Abu, si yo no he hecho nada.

– Lo mismo decía tu padre, y mira pues, se lo llevaron.

(508 palabras)

Anotaciones

11. **olvidadizo**: *vergesslich*; 13. **hacer bromas**: *scherzen*; 15. **testarudo**: *störrisch*; 17. **rezar**: *beten*; 20. **la comisaría**: *die Polizeiwache*; 21. **hasta ahora está volviendo**: no ha vuelto todavía; 23. **recién**: *soeben*; 28. **la cabra tira al monte**: *in etwa*: *die Katze lässt das Mausen nicht*; 27. **hacer caso**: obedecer; 31. **huir**: *fliehen*; 36. **perdonar**: *vergeben*

Tareas

1. **Escriba un resumen del texto.**
2. **Caracterice a la abuela y a la narradora en primera persona.**
3. **¿Qué le parece el título del relato? Fundamente su opinión.**
4. **Redacte una continuación plausible del relato.**

No culpo a nadie[2]

Francesco Bertoni es un joven argentino de 21 años cuyos padres biológicos murieron durante la represión de la dictadura militar. Recogido y adoptado por la familia Bertoni, en lo que sigue presenta sus declaraciones.

Desde chiquito yo tenía la intuición de que mis padres, a quienes respeto mucho, no podían ser mis padres verdaderos. Es que yo no me parecía ni a mi papá, Federico Bertoni, ni a mi mamá, ni tampoco a mis primos ni a mis abuelos de las fotografías, yo era distinto. Hasta en el colegio me lo decían, una vez me peleé con uno de mis amiguitos porque vino con que mi madre había engañado a mi padre con otro. Así fue que mi padre, o mejor dicho mi origen para mí era una gran incógnita en mi vida. Y me di cuenta porque a mi padre le gustaban el orden, las matemáticas, las cosas de la religión, pero a mí nada, sólo el fútbol y el deporte. Mi madre era rubia, pero yo, de pelo negro negro. Ya en la adolescencia, cuando tuve un accidente y necesité una transfusión de sangre, mis padres me lo dijeron, pero no me sorprendió mucho, no me conmocionó, un poco que ya me lo esperaba. En esa época tenía 14 años.

Después, con la crisis y con los reclamos de los desaparecidos, les pregunté a mis padres qué de verdad había con los rumores sobre las salas de tortura. Mi madre se puso a llorar, pero mi padre fue sereno. El me dijo: «Paco, yo en mi vida no he matado a nadie, ni he torturado a nadie, tenés que creerme.» Y uno conoce a las personas, él no me mintió, y además para qué lo haría. Y allí me contó todo lo que sabía. Aun trabajando para los milicos, mi padre tenía sus propias ideas y sabía que se estaba cometiendo muchos atropellos e injusticias. «Si yo me hubiera levantado y les hubiera dicho algo a esos mierdas, me dijo, ¿vos qué creés que habrían hecho con nosotros? ¿Con tu madre? Por eso yo intenté arreglar algo, de ayudar sutilmente a esa gente que estaba siendo despojada, torturada, asesinada. Y por eso tu madre y yo nos propusimos devolverles la dignidad a tus padres, y te adoptamos.»

Alguna vez averiguaré quiénes fueron mis padres. Pero a veces pienso que los Bertoni, que me ayudaron a crecer y que me dieron su afecto y su esfuerzo día a día, nunca dejarán de ser mis padres verdaderos.

(423 palabras)

Anotaciones

8. **pelear**: *sich prügeln*; 9. **engañar**: *fremdgehen*; 14. **conmocionar**: preocupar mucho, alterar emocionalmente; 16. **el rumor**: lo que dice la gente, la opinión; 17. **sereno**: *besonnen*; 20. **atropellos e injusticias**: pleonasmo para «injusticia»; 23. **sutilmente**: en secreto; 23. **ser despojado**: te quitan todo

Tareas

1. **Resuma el texto.**
2. **Compare a grandes rasgos el destino de Francesco Bertoni con el de Gaby, de «La historia oficial».**
3. **Comente la última frase.**

2 Der Text ist fiktiv, basiert jedoch auf nachgewiesenen historischen Fakten.

La historia la escriben los saqueadores

Yo no soy un hombre que busca el arte por el arte, es más, yo siempre me he considerado una persona pragmática. He tenido algunos sueños, como todo el mundo, pero el tiempo y la gente me han enseñado a ser más desconfiado, más realista. A decir verdad, durante la dictadura de los 70 yo escuché que había represión política, y poco a poco, cuando veía que había gente clave desapareciendo, gente clave de la oposición, empecé a preocuparme. El gobierno militar siempre adujo que las desapariciones de personas eran secuestros organizados por grupos terroristas de izquierda, y en realidad hubo una gran mayoría de argentinos que estábamos dispuestos a creerles: los argentinos que teníamos trabajo, que teníamos nuestro departamentito, nuestra familia, nuestro perro y que sólo queríamos hacer asado los domingos. Pero nosotros hemos vivido de espaldas a la gente pobre, sin ver cómo iban creciendo las villas-miseria, sin querer asumir nuestra responsabilidad, sólo nos importaba ser el país latinoamericano con más altos ingresos per cápita, y lo único que nos preocupaba era saber que el vecino no ganaba más dólares que uno mismo.

Para colmo de males, lo peor que le pudo pasar a Argentina fue que el 78 ganamos el Mundial de Fútbol. El pueblo se euforizó, la junta militar pudo seguir haciendo de las suyas, sin que nadie les cuestionara nada. Lo que he dicho siempre es que el fútbol sirve para adormecer a la gente, para atontar al pueblo. Lo mismo que el fútbol fueron las Malvinas. El 82 la gente estaba inquieta, las desapariciones aumentaban, las Madres de la Plaza de Mayo eran cada vez más, entonces fue que al General Galtieri, el dictador de entonces, se le ocurrió ocupar las Malvinas, apelando al nacionalismo más elemental de todos los argentinos. Entonces cesó el descontento, la gente dejó de hacer preguntas, pero los familiares de los desaparecidos seguían buscando, sufriendo, llorando. Para suerte de Argentina, perdimos la guerra. Yo no sé hasta cuándo se habría perpetuado la dictadura si hubiéramos vencido a los británicos. Lo cierto es que la transición democrática con el gobierno radical de Alfonsín nos prometió mucho, pero después no cumplió nada. No se aclararon los crímenes de guerra, la inflación creció.

Pero ha sido como el apocalipsis en Argentina. Después de Alfonsín apareció alguien como Menem, representando la promesa histórica del justicialismo, y la Argentina se terminó de derrumbar, no sólo económica, sino moralmente. De ser una nación saludable, llena de ilusiones y de gente que buscaba la justicia, hemos pasado a ser un pueblo oprimido, humillado, hambriento, y saqueado. Por eso es necesario estudiar la Memoria del Saqueo, para que las generaciones siguientes sepan la verdad y nos juzguen según ella.

(458 palabras)

Anotaciones

3. **desconfiado:** no confía en nadie; 5. **gente clave:** gente importante; 6. **aducir:** decir; 9. **departamento:** piso, *Wohnung*; 10. **hacer asado:** *Rindfleisch grillen*; 10. **de espaldas a:** sin ver algo; 11. **villas-miseria:** *wörtl. Elendsviertel;* 12. **el ingreso per cápita:** *Einkommen pro Kopf*; 14. **para colmo de males:** *erschwerend hinzu*; 15. **hacer de las suyas:** *unbehelligt weitermachen*; 17. **adormecer:** *einlullen*; 18. **las Malvinas:** *hier:* der *Falklandkrieg 1982*; 23. **perpetuarse:** continuar en el poder; 25. **Raúl Alfonsín:** líder de la UCR, primer presidente elegido democráticamente después de la dictadura; 28. **justicialismo:** Movimiento Político de Perón y de Evita, buscaba la justicia social; 29. **derrumbar:** destruirse

Tareas

1. Resuma el texto.
2. Explique si las tesis del artículo se pueden confirmar con los materiales tratados en clase.
3. Comente el título del artículo y explique su propio punto de vista.

VII.

Chile

Las peras y las manzanas

La historia de Pedro y de Silvana en la película *Machuca* sí es representativa. Probablemente Gonzalo sea un personaje inverosímil. Pero el arrogante Robles no lo es. Chile siempre ha sido y sigue siendo un país de profundas desigualdades económicas. Y así tenemos que los más ricos nunca se van a juntar con los más pobres. En ese sentido, la madre de Gonzalo expresa una opinión muy común en nuestro país: ¿qué sentido tiene juntar las peras con las manzanas? Y ocurre que las peras y las manzanas nunca se han juntado. Chile es un país unido por las diferencias con los países fronterizos: Argentina, Bolivia y Perú.

Lo que no queremos aceptar es que el problema viene desde la Conquista: es la diferencia entre amos y sirvientes, entre señores y esclavos. La verdad es que muchos chilenos están convencidos de ser superiores a sus compatriotas. Yo no digo que medio Chile cree en la propia superioridad. Pero la clase alta chilena siempre ha sido discriminadora por excelencia. Y aquí sí se puede hablar de «clase alta» o de oligarquía sin atentar contra la *political correctness*. Los ricos más ricos siempre han administrado este país, y cuando Allende y la Unidad Popular trataron de introducir una justicia social elemental, patearon el tablero y fomentaron el golpe militar.

Esta película es representativa e importante para el pueblo chileno porque ya es hora de que se diga la verdad de las cosas. Es imprescindible que dejemos de temer el pasado y que lo asimilemos. En los textos escolares de Historia figura una versión que tergiversa los hechos. Pero *Machuca* nos muestra la otra cara de la realidad, la otra versión de las cosas, el otro Chile, el Chile de los rotos y de los sindicalistas reclamando sus derechos, nada más. España tardó 50 años antes de asimilar las atrocidades del régimen franquista. Nosotros, en Chile, ya debemos comenzar. Sólo así podremos ser una nación verdaderamente justa.

(326 palabras)

Anotaciones

8. **la Conquista:** *die Eroberung Amerikas durch Spanien in der frühen Neuzeit*; 9. **amos y sirvientes:** *Herren und Knechte*; 10. **por excelencia:** *schlechthin*; 11. **la clase alta:** *die Oberschicht*; 14. **patear el tablero:** *das Spielbrett beim Verlieren umwerfen*; 15. **fomentar:** *fördern*; 13. **administrar:** *verwalten*; 18. **tergiversar:** *verfälschen*; 20. **los rotos:** (ugs.) la gente muy pobre.

Tareas

1. **Escriba un resumen del texto.**
2. **«La clase alta chilena siempre ha sido discriminadora por excelencia.» Analice en qué medida esta frase es confirmada por la película *Machuca*.**
3. **¿Considera Ud. que la película Machuca es importante para asimilar el pasado en Chile? Fundamente su opinión.**

Sobre lobos y ovejas

La película *Machuca* es un punto de encuentro de prejuicios y lugares comunes. Cada personaje deja de ser persona y se convierte en un estereotipo. Machuca sugiere que todos los ricos fueron malos y que todos los pobres fueron víctimas, desconociendo el desarrollo de la historia de Chile. En primer lugar, se olvida que Allende pudo ascender al poder precisamente porque una derecha moderada (la democracia cristiana) votó por él. También se olvida que su gobierno fue incapaz de controlar a los radicales marxistas, que provocaban huelgas que paralizaban todo el país.

La acción en *Machuca* es sencilla. Su protagonista, Pedro Machuca, pasa a integrar, juntos con algunos marginados, un colegio privado. Allí debe enfrentarse a la aversión y los ataques de un grupo de niños ricos, capitaneados por Robles, el antagonista, rubio para colmo. Pero no todos los alumnos son hostiles a los nuevos: Gonzalo Infante, un gordito medio atontado, se gana la confianza de Machuca, y luego su amistad.

Interesante es el juego bastante inverosímil presentado en la visita de Gonzalo al barrio pobre de Machuca. Una experiencia semejante es impensable, sobre todo en la época de los 70, donde ricos y pobres estaban clínicamente separados. Sin embargo, la historia continúa, y se enreda con Silvana, quien besa a Machuca y a Gonzalo, formando un trío singular, a la edad de 10 u 11 años.

Lo espectacular de la película, lo macabro, es la muerte de Silvana, producto de un accidente. En medio de la intervención militar en los barrios pobres, Silvana interviene defendiendo a su padre, un pobre borracho al que toman por activista político. Desgraciadamente, un disparo se suelta, y la niña muere instantáneamente. No sólo Gonzalo y Machuca presencian la escena, consternados. También nosotros, el público, presenciamos esta escena, marcada por la crueldad y el dolor. ¿Entonces, qué tenemos? ¿Lucha de lobos contra ovejas? ¿Que los malos militares mataron a las pobres e inocentes Silvanas porque eran comunistas? La respuesta es muy sugestiva y la visión en blanco y negro es evidente. Hay que pensar que precisamente a causa de los prejuicios, a causa del desconocimiento mutuo de la gente en Chile, tuvimos serios problemas que facilitaron el golpe. La historia no es en blanco y negro. Lo que *Machuca* nos hace olvidar es que todos somos culpables, que nadie es inocente.

(382 palabras)

Anotaciones

1. **prejuicios y lugares comunes:** *Vorurteile und Allgemeinplätze*; 4. **ascender al poder:** *die Macht ergreifen*; 6. **fue incapaz:** no podía; 10. **para colmo:** *erschwerend hinzu*; 12. **medio atontado:** ingenuo; 13. **inverosímil:** increíble; 21. **un disparo se suelta:** *ein Schuss löst sich*; 25. **la visión en blanco y negro:** *die Schwarz-Weiß-Malerei.*

Tareas

1. **Resuma la reseña de la película Machuca.**
2. **Analice en qué medida el autor tiene razón al decir que la película es un «punto de encuentro de prejuicios y lugares comunes».**
3. **Comente la última frase.**
4. **Redacte una respuesta al autor.**

El año de los golpeados[3]

Cuando ocurrió el golpe, yo apenas tenía 6 años. Mi padre trabajaba de carpintero y trataba de no meterse en política. Yo siempre lo recuerdo a medio afeitar, con la cara llena de preocupación y los ojos tristes. Pero era muy querendón. A mí y a mis hermanitos nos acariñaba mucho, nos llevaba a pasear los domingos después de la misa. Solemnemente me decía que estudie mucho para salir adelante. Eso sí lo recuerdo bien.

Mi madre era totalmente distinta. Era militante de la Unidad Popular, estaba metida en el sindicato y no le gustaba que mi padre nos llevara a misa. Se levantaba temprano, salía a trabajar, y por la tarde se iba a las asambleas de su partido. Antes del golpe de Estado en septiembre de 1973 yo recuerdo que mi padre y mi madre discutieron muy fuerte. Mi madre estaba furiosa contra Allende y decía que era muy pacífico y lerdo, mi padre decía que había que tener paciencia y esperar. En eso entró a tallar mi tío Emilio, hermano de mi padre, que estaba en el Ejército. El les advirtió que algo iba a pasar. [...] Los milicos ya sabían, lo tenían todo listo. Así que un día, después del golpe, organizaron una batida en el barrio, casa por casa, y se llevaron a mucha gente, entre ellos a mi padre, que no había hecho nada. [...] Eso es lo que no me reconcilia con Chile, con mi propio país, y es que sólo por ser pobre y por estar casado con mi madre, se lo llevaran a mi padre que era el ser más apolítico que existía. Yo no lo pude entender nunca.

El barrio quedó como despoblado. Sólo quedábamos los chicos y los perros. Y no había qué comer ni nadie que se ocupara de nosotros. Mi hermano y yo tuvimos suerte porque la tía Eugenia, esposa de tío Emilio, no tenía hijos y por eso nos adoptó. Nosotros nunca volvimos a ver a mi padre, tampoco a mi madre. Por eso a veces cuando veo la imagen o la silueta de Allende, como que se me rompe el corazón en pedazos porque su muerte simboliza la muerte de una parte de Chile, a la que pertenecían mi padre y mi madre.

(383 palabras)

Anotaciones

2. **a medio afeitar**: *mitten beim Rasieren, nicht fertig rasiert*; 3. **querendón**: *liebevoll, herzlich*; 4. **solemnemente**: *feierlich*; 5. **salir adelante**: triunfar; 6. **Unidad Popular**: *Bündnis der linken Parteien unter Allende*; 7. **el sindicato**: *die Gewerkschaft*; 7. **la misa**: *der katholische Gottesdienst*; 10. **lerdo**: lento; 11. **entrar a tallar**: *eingreifen*; 12. **advertir**: avisar; 13. **la batida**: *die Razzia*, 15. **reconciliar**: *versöhnen*;18. **despoblado**: vacío; 22. **se me rompe el corazón en pedazos**: *mein Herz zerbricht.*

Tareas

1. **Resuma el texto.**
2. **Explique qué paralelos se encuentran entre este testimonio y la película *Machuca*.**
3. **«La muerte de Allende simboliza la muerte de una parte de Chile.» - Formule su opinión a partir de esta frase.**

3 Der Text ist fiktiv, basiert jedoch auf nachgewiesenen historischen Fakten.

La novela de un amigo

Un viejo que leía novelas de amor fue el primer gran éxito de Luis Sepúlveda. Después de publicada, fue traducida al inglés, al francés, al alemán. Además los lectores le escribían consultándole sobre la obra y su intención. Eso le causaba mucha alegría porque sentía que había iniciado una concientización de su público.

La obra se la dedicó a un amigo. Una pregunta muy frecuente de los lectores era por qué siendo chileno había escrito una novela sobre la Amazonía, allí cuando en Chile tienen de todo, desierto, bosques, montañas, pero no Amazonía. Es necesario indicar que el espacio que escoge un novelista es un espacio simbólico. La selva es una imagen de lo que representa la sociedad, la convivencia de los seres humanos. Por eso lo que le pasa a Antonio José Bolívar es lo que le puede pasar a cualquier persona con cierta sensibilidad.

La historia se la debe Sepúlveda a un amigo que se la contó de un modo empírico, recordando muchas cosas, dando saltos en la cronología. Algunos críticos literarios han señalado que es difícil seguir el hilo conductor de la trama, que está llena de digresiones. Algunos han propuesto considerar el último capítulo como un relato independiente. También se cuenta que el editor le propuso recortar el original y hacer algunos cambios, es decir reorganizar el relato. Pero Sepúlveda se opuso porque su intención era representar la forma de contar de un hombre determinado, el buen Miguel Tzenke, quien con lujo de detalles y con mucha confianza lo inició en los secretos de su amada selva.

Uno de los mayores temores de este narrador nato era el avance de la civilización occidental, armada de Kodaks, motores, carabinas y botas de caucho. Y su gran preocupación era el despojo de que eran objeto los shuar a raíz del descubrimiento de petróleo en sus territorios. Lamentablemente, muchos años después sus temores se han confirmado: Allí donde había verde selva y muchos ríos, las empresas petroleras han dejado un lodazal negro con residuos contaminantes. El consorcio internacional, de cuyo nombre no puedo acordarme, extrajo todo el petróleo, destruyó el hábitat de los animales, y después se marchó. De los miles de millones de dólares que ganaron, los shuar no vieron nada. Lo que quedó en Ecuador es una catástrofe ambiental, con ríos envenenados y muchas especies exterminadas.

¿Y eso qué tiene que ver con Luis Sepúlveda, que es un escritor chileno? En realidad, lo que atañe a la naturaleza, nos atañe a todos. En Sudamérica, en Africa, en Asia, en todo el mundo hemos dejado una huella ecológica tremenda. Y no matamos una sola tigrilla, matamos, una, cien, mil tigrillas. Ese es el mensaje del amigo, el secreto autor de esta novela: «Lo más importante es no ser cómplice del sistema.»

(479 palabras)

Anotaciones

4. **iniciar una concientización de su público**: *eine Bewusstseinsänderung bei seinem Publikum einleiten*; 8. **una imagen**: *ein Abbild*; 12. **dar saltos**: *hin und her springen*; 13. **el hilo conductor**: *der rote Faden*; 13. **digresión**: *Abschweifung*; 15. **el editor**: *hier*: *der Verleger*; 16. **oponerse**: estar en contra; 17. **con lujo de detalles**: *detailliert*; 19. **un narrador nato**: *ein begnadeter Erzähler*; 21. **despojos**: *Rüsckstände*; 21. **a raíz de**: a causa de; 22. **confirmarse**: *sich bestätigen*; 23. **un lodazal**: *: (hier) eine Müllhalde*; 24. **consorcio**: *Konzern*; 27. **envenenado**: *vergiftet*; 30. **atañer**: *angehen, betreffen*

Examen uno

1. Resuma el texto.
2. Explique los motivos del autor para escribir esta novela.
3. «La selva es una imagen de lo que representa nuestra sociedad, la convivencia de los seres humanos.» Comente esta frase.

Examen dos

1. Resuma el texto.
2. Analice en qué medida el contexto real de los shuar ha servido de inspiración para el autor.
3. ¿En qué medida se puede considerar que Luis Sepúlveda es un escritor comprometido?
4. «Lo más importante es no ser cómplice del sistema.» Comente esta afirmación.

La familia de los animales

Un viejo que leía novelas de amor no es una novela. Es una serie de relatos y digresiones en torno a la cacería de una tigrilla salvaje. En este sentido, la obra de arte en realidad se reduce al último capítulo, donde se narra el encuentro final de los rivales. El resto de capítulos contiene recuerdos, acuarelas y anécdotas referidas a la vida de Antonio José Bolívar, y nos ilustran su relación con los shuar.

El personaje central del primer capítulo resulta un pintoresco dentista, Rubicundo Loachamín, y el lector podría pensar que se trata del protagonista de la obra. Pero el autor no quiere contarnos una historia protagonizada por un solo personaje. Su obra es un mosaico que tiene como protagonista central a la selva amazónica. Lo que les pasa a los seres humanos, a los colonos y a los forasteros es secundario. El autor logra transmitirnos que la selva no es un elemento del paisaje. La selva es un ser vivo, con sentimientos y con caprichos.

Los shuar representan un estado intermedio entre civilización y naturaleza. Ellos son seres humanos, por un lado, pero por otro lado están tan aclimatados a la selva, que casi se mimetizan con ella. Sus rituales religiosos, sus creencias y supersticiones los humanizan. Pero su carácter instintivo y semisalvaje los hace parecidos a las fieras. Antonio José es el personaje que se aproxima más a los shuar, pero éstos no le permiten conocer sus rituales más secretos, y al final lo expulsan de la tribu.

La tigrilla representa la naturaleza perseguida y acorralada. Su salvaje reacción y su sed de venganza nos dan la impresión de que es ella la que está cazando a los colones dirigidos por Antonio José, y que ellos se figuran ingenuamente estar cazándola a ella. En una de las escenas de caza más impresionantes de la literatura en español, los perseguidores terminan siendo perseguidos y la tragedia del viejo que leía novelas de amor consiste precisamente en tener que matar a la tigrilla. Para un colono o para un gringo dicho animal puede representar un obstáculo. Pero para el alma sensible del viejo romántico, apretar el gatillo es como estar matando a un hermano. Porque Antonio José sabe lo que le enseñaron los shuar: que somos parte de la naturaleza, que ella es nuestra madre, y que los animales son nuestros hermanos.

(399 palabras)

Anotaciones

1. **la digresión**: *Exkurs, Abschweifung*; 2. **cacería**: *Jagd*; 2. **la obra de arte**: *das Kunstwerk*; 3. **reducirse**: *sich auf etw. beschränken*; 4. **la acuarela**: *hier*: *Darstellung*; 6. **pintoresco**: *malerisch*; 10. **colonos y forasteros**: *Siedler und Fremde*; 11. **el capricho**: *die Laune*; 12. **un estado intermedio**: *eine Übergangsphase*; 14. **mimetizarse**: *sich tarnen und mit etwas eins werden*; 15. **la fiera**: *Untier*; 18. **acorralar**: *in die Ecke treiben*; 20. **figurarse algo**: imaginarse algo; 23. **el gringo**: eher stereotypische, abgrenzende Bezeichnung einer/s Lateinamerikaners/in für eine/n US-BürgerIn europäischer Herkunft; 24. **apretar el gatillo**: *abdrücken*

Tareas

1. **Escriba un resumen del texto.**
2. **«Somos parte de la naturaleza, [...] ella es nuestra madre, y [...] los animales son nuestros hermanos.» Comente esta afirmación.**

VIII.

Madrid

Las mil caras de Madrid

Madrid es la capital de la historia de España, el centro geográfico de la península, el corazón de la vida cultural de España y del mundo hispanohablante; es la presencia de España en Europa, la voz del arte post-moderno y de la literatura post-moderna en castellano, la globalización en nuestra casa, la multiculturalidad en nuestras calles, la variedad en nuestras mesas. Aquí encontramos a los madrileños acendrados, de vieja cepa, miembros de la clase dirigente, pero también a los hijos de los *paletos*, los que de todas partes de España emigraron a la capital buscando un nuevo porvenir. En este sentido, Madrid no ha dejado de ser la *frontera* de España, la búsqueda de nuevas oportunidades, de comienzos nuevos, a orillas del Manzanares. Y esta búsqueda enérgica de futuro ha convertido a nuestra ciudad, la del Museo del Prado y del Parque El Retiro, en un móloc de aproximadamente cinco millones de habitantes, todos ellos madrileños de nacimiento y de opción. Vemos rostros distintos ante el semáforo, no sólo al castellano viejo, sino también al chino, al eslavo, al africano y al sudamericano. De alguna manera, todos se entienden en esta gran Babel, su idioma común es Madrid, su *lengua franca* es la prisa. Y es que Madrid ha dejado de ser esa capital clásica y amodorrada de los 60. Ahora tenemos un corazón palpitante, activo, centro de los negocios, de la política y del arte, punto de encuentro de muchos destinos y de muchas culturas. Barajas se ha convertido en uno de los aeropuertos más importantes de Europa, después de Heathrow y de Francfort. Y es que aquí es por donde llegan los «nuevos madrileños» en busca de su «sueño español».

Este Madrid plural, de muchos rostros y muchas culturas que se desvanecen y se dejan vitalizar por la lengua castellana, es una propuesta humana, una alternativa, un experimento de convivencia en democracia. Madrid fue y es la utopía y el modelo de España. Sus problemas, su crecimiento desordenado, el aumento de la pobreza en los barrios de las afueras, son un desafío más a solucionar, recordando que Madrid no es París y sus afueras. Madrid es la ciudad de los mil rostros y de las mil y una posibilidades.

(396 palabras)

Anotaciones

5. **acendrado, de vieja cepa:** *Ureinwohner, alt eingesessen*; 5. **la clase dirigente:** los políticos, la gente que toma decisiones; 6. **el paleto:** desp. el español no madrileño, inmigrante provinciano; 7. **el porvenir:** futuro; 8. **la frontera**, aquí: *eng. frontier*; 9. **Manzanares:** el río de Madrid; 9. **la búsqueda de futuro:** *Drang nach Zukunft*; 10. **móloc:** *eine riesige Metropole*; 11. **madrileño de nacimiento:** el que nació en Madrid; 11. **madrileño de opción:** el que no nació en Madrid pero se siente madrileño; 14. **la lengua franca:** idioma común; 15. **amodorrado:** aburrido, cansado; 15. **palpitante:** *pochend*; 21. **experimento de convivencia:** *Experiment des Zusammenlebens*; 24. **París y sus afueras:** *Paris und seine Vororte* (!)

Tareas

1. **Elabore un resumen del texto considerando los sentimientos del autor.**
2. **Examine si el Madrid al que hace referencia Juan José Millás corresponde al Madrid de Ray, Javi y Manu (Barrio).**
3. **Considerando el modelo político autonómico, comente la frase: «Madrid fue y es la utopía y el modelo de España».**

La cita

Esta historia ocurrió en Veracruz y es verídica. Yo estaba en un hotel, descansando en mis vacaciones. Hacía mucho sol y a pesar de la sombrilla, era insoportable. Así que pedí lo más sencillo: una coca cola bien helada. En la mesa de al lado estaba sentado un hombre. Era un tipo muy apuesto, con el pelo corto, bien afeitado y con terno y corbata. En semejante calor. «A lo mejor es guardaespaldas de alguien», pensé. No le presté mucha atención al asunto y traté de continuar leyendo una historia policíaca.

Pero a los diez minutos al costado comenzó una discusión. Dos tipos, también bien vestidos, pero totalmente de negro, se habían acercado a mi vecino y permanecían de pie, pero vociferaban. Uno de ellos parecía muy colérico. Mi vecino permanecía tranquilo. El decía: «Suárez, eso ya lo hablé con el jefe.» Repetía esa frase con seguridad, como despreciando a los dos tipos que acababan de llegar. Entonces el otro, no Suárez, me miró y me gritó: «¿Y tú qué miras tanto?» Se me acercó y me dio un golpe en la cabeza y quedé inconsciente.

Al despertar me vi con un revólver en la mano y con mi vecino muerto, con un tiro perfecto en la cabeza. Mucha gente se había agolpado en torno a nosotros y yo sólo recordaba la frase del tipo y sentía un fuerte dolor de cabeza. De pronto vino la policía y me detuvieron.

El comisario era un tipo vulgar, parecía un criminal de cartel.

– Hay dos testigos de tu crimen – me dijo, mientras exhalaba el humo del cigarro.

– Yo no he sido – respondí –, yo estoy de vacaciones. Nunca antes había visto a ese tipo.

– Así trabajan los sicarios – replicó –, les dan una foto, un pasaje de avión y el dinero que piden. Pero no contabas con Suárez, es uno de nuestros mejores oficiales. Después de disparar a tu víctima, él pudo reducirte.

En ese momento supe que estaba perdido.

(333 palabras)

Anotaciones

1. **verídico**: *wahrheitsgetreu*; 2. **la sombrilla**: *Sonnenschirm*; 4. **apuesto**: *gut aussehend*; 4. **afeitado**: *rasiert*; 4. **el terno**: *Anzug*; 4. **la corbata**: *die Krawatte*; 9. **vociferar**: gritar; 10. **despreciar**: *verachten*; 14. **agolparse**: reunirse, venir en cantidad; 21. **el sicario**: *Auftragskiller*; 23. **disparar**: *schießen*; 23. **reducir a alg.**: *dingfest machen*

Tareas

1. **Resuma el fragmento.**
2. **Compare la historia de este personaje con la de algún personaje de un cuento de Juan Madrid.**
3. a. **«En ese momento supe que estaba perdido.» - Comente qué te parece el final del fragmento.**
   b. **Redacte una continuación de la historia.**

La literatura fugaz de Juan José Millás

Jorge Luis Borges fue quien fundó en un trabajo minucioso la narrativa postmoderna. Sus relatos, que recurren constantemente a la intertextualidad para indicar el carácter culto del autor, han venido causando creciente admiración entre los lectores de Europa a partir de los años 60. Sus temas son la experiencia literaria, la aparente información total u omnisciencia, la biblioteca como símbolo vital, la historia de intriga, y, por supuesto, los relatos fantásticos, tan en boga en la tradición argentina. Pero Borges, a diferencia de sus colegas del *boom* literario de América Latina, Cortázar o García Márquez, ha preferido la distancia y el trabajo solitario. La construcción de sus obras ha hecho escuela, curiosamente, no en Buenos Aires, ni entre los latinoamericanos, quienes lo acusan de snob y de vanidad intelectual, sino en la capital de la Madre Patria.

Sin querer restarle originalidad, uno de los más renombrados narradores de la actualidad, Juan José Millás, revela muchísimos rasgos borgesianos. En primer lugar, se trata de una *literatura ciudadana*, centrada en la experiencia urbana de sus personajes. Allí vemos que el vacío espiritual es la causa de la soledad e incomunicación absoluta de los protagonistas, quienes muchas veces mezclan su perspectiva interna con las impresiones externas. Pero, a diferencia de la novela clásica, las vivencias internas y el mundo exterior no tienen ninguna correspondencia. Por eso es que la obra de Millás refleja una situación caótica, un espíritu desgarrado y sin perspectivas, casi existencialista.

El segundo aspecto que me recuerda a Borges es la presencia de la mitología griega. En los relatos de Millás volvemos a ver al cíclope, a las medusas y a los minotauros como símbolos de la ciudad y del caos urbano. No es la realidad inmediata lo que cuenta. Lo verdaderamente «real» está más allá de la realidad. La literatura se convierte en un relato pseudo-filosófico que sólo sirve para consolarnos en medio de este cuadro gris y monótono.

Por último, llama la atención la presencia del factor onírico, en tanto que la realidad narrada está infectada muchas veces del carácter etéreo de los sueños. O el narrador sueña o el relato muestra rasgos tan absurdos, semi-kafkianos, como en la inexplicabilidad de los sueños.

Todos estos aspectos no son materia suficiente para considerar que la literatura de Millás es post-moderna o innovadora. Sólo repite viejos motivos, es ecléctica, una especie de zurcido y parchado que trata de ser emblemático, paradojal y de doble sentido. La realidad del Siglo XX, en su compleja fugacidad y polivalencia está lejos de ser abarcada por semejantes aspectos. Millás retoma una perspectiva de cíclope, desconoce los juegos de la conciencia y de la percepción pluralista. En otras palabras, trata de copiar a Borges, y el resultado es un coloso en pies de barro que no es literatura urbana ni literatura fantástica.

(475 palabras)

Anotaciones

2. **recurrir**: usar, aplicar; 2. **intertextualidad**: *diese lit. Theorie geht davon aus, dass Werke und Autoren über Verweise und Zitate miteinander «kommunizieren»; eigentlich entsteht nichts Neues*; 5. **la omnisciencia**: saber todo; 6. **en boga**: de moda; 10. **la vanidad intelectual**: es vanidoso porque cree que sabe mucho; 10. **la Madre Patria**: España; 11. **restarle algo a alguien**: decir que a alguien le falta algo; 12. **el rasgo**: *Merkmal, Züge*; 18. **desgarrado**: *gespalten, zerrissen*; 24. **el factor onírico**: *Traumebene*; 28. **innovador**: muy moderno, hace cosas nuevas; 28. **ecléctico**: no es original (mezcla de todo); 28. **zurcido y parchado**: Flickwerk; 30. **la polivalencia**: *Bedeutungsreichtum*; 31. **la perspectiva de cíclope**: *einäugige Perspektive*; 33. **en pies de barro**: *auf tönernen Füßen*.

Tareas

1. **Resuma el texto considerando el título del artículo.**
2. **Recurriendo a ejemplos conocidos, explique si el autor tiene razón o es muy duro con Juan José Millás.**
3. **Elabore una hipótesis tratando de explicar qué intención persigue Millás con sus relatos.**

Glosario

A

a cambio de: in Tausch für, auf Kosten von
a decir verdad: en realidad, sinceramente
a medio afeitar: mitten beim Rasieren, nicht fertigrasiert
a mi modo de ver: meines Erachtens
a punto de: im Begriff, kurz davor
a su modo de ver: seines Erachtens
abandono: Verlassenheit
abaratar: verbilligen
abrumado: überfordert
abuso: Missbrauch, hier: Ausbeutung
acción: die Handlung in einer Erzählung
acendrado, de vieja cepa: hier: Ureinwohner, alt eingesessen
acero: Stahl
achicarse: sich einschüchtern lassen
acordarse de: sich an etw. erinnern
acorralar: in die Ecke treiben
acuarela: hier: Darstellung
acuñar: einen Begriff prägen
adivinar: raten, hier: darauf kommen
administrar: verwalten
admitir: einräumen
adormecer: einlullen
aducir: anführen
advertir: warnen
afeitado: rasiert
agarrar: ergreifen
agolparse: reunirse, venir en cantidad
agradecido: dankbar
agravar: verschlimmern
ahorrar: sparen
alcanzar la madurez: reifer werden
alfombra: Teppich
amargarse: ponerse colérico
amodorrado: aburrido, cansado
amos y sirvientes: Herren und Knechte
animar a alguien a hacer algo: jdn. ermutigen
anteojos: Brille
apariencia: Schein
apretar el gatillo: abdrücken
apostólico: apostolisch, bezogen auf die römische Kirche
aplastar: erdrücken, unterdrücken
ascender al poder: die Macht ergreifen
atado: gebunden, verbunden
atañer: angehen, betreffen
aterrizar: landen
atontado: ingenuo
atragantarse: sich verschlucken.
atreverse a hacer algo: wagen, etwas zu tun
atrevido: wagemutig
Ayuntamiento: Rathaus
atropellos e injusticias: pleonasmo para «injusticia»
aunar esfuerzos: con energía
avergonzarse: sich schämen
ayudante de construcción: der Bauarbeiter
azotar: auspeitschen

B

bajar la voz: leise werden
balde: Eimer
bandada: Vogelschwarm
Barajas: aeropuerto de Madrid
batida: Razzia
beber los vientos por alguien: jdn. vergöttern
bien tela ha estado la jama: (Per.) das Essen war ganz knapp
bloquear: den Zugang versperren
botellón: Besäufnis
broma: Scherz
bromear: Witze machen

C

cacería: Jagd
calvinista: protestantischer Christ, der an die Prädestinationslehre glaubt, wonach der Reichtum und der Erfolg für die auserwählten Seelen vorgesehen sind
cambiar de águila: (ugs.) den mexikanischen Adler für den amerikanischen aufgeben, sich einbürgern lassen
campo de refugiados: Flüchtlingslager
calimocho: billiges Alkoholgemisch
cañita: una cerveza
capa: Mantel
capricho: Laune

carguero: Frachter
castigo: Strafe
cerebro: Gehirn
cerrar el puño: (fig.) no dar dinero
chicle: Kaugummi
chiquito: schmächtig
chirimoya: Flaschenbaumfrucht
clase alta: Oberschicht
clase dirigente: los políticos, la gente que toma decisiones
clase media alta: gehobene Mittelschicht
cliente fijo: Stammkunde
cobrar forma: Gestalt annehmen
cocacho: eine Kopfnuss
colada (adj.): schwer verliebt
colonos y forasteros: Siedler und Fremde
colorado: (hier) rot, scharlachrot
comisaría: Polizeiwache
con el olfato: hier: ahnend, mit dem Riecher
con lujo de detalles: detailliert
con tal que: solange / Hauptsache
con un nudo en la garganta: ratlos
conejillos de Indias: Meerschweinchen, hier: Versuchskaninchen
confirmarse: sich bestätigen
conformarse: sich mit etwas begnügen
confusión: hier: Verwechslung
conmocionar: preocupar mucho, alterar emocionalmente
Conquista: Eroberung Amerikas durch Spanien in der frühen Neuzeit
consorcio: Konzern
constatar: feststellen
constituir una unidad: eine Einheit bilden
consumado: ausgemacht
convivencia: Miteinander
cortar la fuente de ingresos: die Einnahmequelle entziehen
cosechar: ernten
crecer: aufwachsen
criar: aufziehen.
cualquier tío: irgendein Kerl

D

dar flojera: keine Lust haben
dar parte: anzeigen.
dar saltos: hin und her springen
dar su consentimiento: estar de acuerdo
darle mala espina a alguien: pensar que algo grave ha ocurrido
darle patatús a alguien: einen Anfall kriegen
darse cuenta de algo: etwas merken, erkennen, feststellen
darse prisa: hacer las cosas rápido
de espaldas a: sin ver algo
decenio: Jahrzehnt
decir esta boca es mía: etwas sagen
dejar de ir: nicht mehr hingehen
dejar la escuela: hier: die Schule endgültig verlassen
departamento: piso
derrotar: besiegen
derrumbar: destruirse
desconfiado: no confía en nadie
desde el amanecer hasta la caída del sol: todo el día
desempolvar: entstauben
desgarrado: gespalten, zerrissen
desheredado: Arm
desilusionado: enttäuscht
despoblado: vacío
despojo: Reste, Rückstände
despreciar: verachten
desvergüenza: Unverschämtheit
detenerse: hacer una pausa
detestar: odiar
diáfano: rein, glasklar
digerible: verdaulich, zumutbar
digno: würdig
digresión: Exkurs, Abschweifung
dormir como un tronco: dormir profundamente

E

echar a patadas: mit Gewalt hinauswerfen
echar de menos: jdn. vermissen
ecléctico: no es original (mezcla de todo)
ecuánime: besonnen, nüchtern
editor: (hier) Verleger
educación de calidad: ausgezeichnete Schulbildung
ejecutiva: una mujer que ocupa una posición importante en una empresa
ejecutivo: Manager
el anillo de compromiso: der Verlobungsring
el hijo natural: uneheliches Kind
empeorar: schlechter werden, verschlimmern
empobrecedor: armselig, die Armut betonend
en boga: de moda
en el amplio sentido del término: im wahrsten Sinne des Wortes

en el sentido amplio de la palabra: im wahrsten Sinne des Wortes
en exceso: mucho
en passant (frz.): nebenbei, im Vorbeilaufen
en pies de barro: auf tönernen Füßen
en voz alta: laut aussprechen
encargarse: für etwas zuständig sein
encrucijada: der Scheideweg
encubrir: jdn. decken
enfatizar: betonen
engañar: betrügen / fremdgehen
enredarse: complicarse
entrañar: contener, significar
entrar a tallar: eingreifen
envalentonarse: atreverse a hacer algo
envenenado: vergiftet
escarabajo: VW-Käfer
escoger: aussuchen
esforzarse por algo: intentar
esquivar: ausweichen, meiden
está en juego: está en peligro
estado intermedio: eine Übergangsphase
estar de adorno: zur Dekoration gehören
estar en nada (Per.): mau sein
estropajo: Waschlappen
estupenda: maravillosa
eufemismo: die Beschönigung
experimento de convivencia: Experiment des Zusammenlebens
explotar: ausbeuten
expulsión inmediata: sofortiger Ausschluss
extrañar: (Sudam.) echar de menos

F

facineroso: ruchlos, Verbrecher
factor onírico: Traumebene
fiera: Untier
figurarse algo: creer
foco: Fokus, Brennpunkt
fomentar: fördern
fracasado: gescheitert
franca: aufrichtig, offen
frontera: hier: eng. frontier
frutero: el que vende fruta
fugitivo: Flüchtling
fusil: Gewehr

G

gente clave: gente importante
gracias de todos modos: trotzdem danke
graznar: krächzen
gringo: el extranjero procedente de Estados Unidos, de raza blanca

H

hacer asado (Arg.): Rindfleisch grillen
hacer bromas: scherzen
hacer caso: obedecer
hacer crujir la nuca: hacer ruidos con los huesos del cuello
hacer de las suyas: unbehelligt weitermachen
hacerle un feo a alguien: jdn. kränken
hacerse el imbécil: sich dumm stellen
hacerse el loco: so tun, als hätte man jdn. nicht gesehen
harta: satt
hasta ahora está volviendo: no ha vuelto todavía
herir: verletzen
hilo conductor: roter Faden
hipócrita: scheinheilig
hora de salida: Schulschluss
huir: fliehen

I

iguana: Leguan
imagen: Abbild
incapaz: no podía
incitar a hacer algo: jdn. zu etwas verleiten
incongruencia: Ungereimtheit
inescrupuloso: sin escrúpulos
ingenua: naiv
ingreso per cápita: Einkommen pro Kopf
iniciar una concientización de su público: eine Bewusstseinsänderung beim Publikum einleiten
innovador: muy moderno, hace cosas nuevas
insensatez: Unfug, hier: Grobheit
insomnio: Schlaflosigkeit
interrogatorio: Verhör
intertextualidad: Diese literarische Theorie geht davon aus, dass Texte, Werke und Autoren über Verweise und Zitate miteinander «kommunizieren», so dass eigentlich nichts Neues entstehe, vgl Julia Kristeva.

invernadero: Gewächshaus
inverosímil: unglaubwürdig.
ir (como) filmando: schauspielernd
irrisorio: muy barato

J

justicialismo: movimiento político de Perón y de Evita, buscaba la justicia social

L / LL

la cabra tira al monte: die Katze lässt das Mausen nicht
ladrar: bellen
lamentar algo: hier etw. bedauern
lavar carro: (Per.) Autos waschen
lengua franca: idioma común
leproso: der Aussätzige
lerdo: lahm
letra muerta: gilt nichts
ligar: anbändeln
lío: el problema
lo lindo que es allá: wie schön es drüben ist
lodazal: eine Müllhalde
lunas: Windschutzscheiben
luz de la vela: Kerzenlicht
llorar: weinen
llover golpe: es gibt Schläge

M

Madre Patria: España
madrileño de nacimiento: el que nació en Madrid
madrileño de opción: el que no nació en Madrid pero se siente madrileño
magnate: un multimillonario
mal educada: schlecht erzogen
malograrse con la cerveza: sich mit Bier volllaufen lassen
Malvinas: Falklandinseln
mandar a alguien de la Ceca a La Meca: jdn. von Pontius zu Pilatus laufen lassen
mandril: Primatenart, Mandrill
manejar: conducir (fahren)
manguera: Gartenschlauch
manicomio: la casa de locos
maniqueo: manichäisch, vertritt eine Schwarz-Weiß-Malerei
Manito = **hermanito** (Mex): mein Freund
mano franca, una: una buena persona
Manzanares: el río de Madrid
marido de mi madre: mein Stiefvater
maullar: miauen
mechón: Haarlocke
mimetizarse: sich tarnen und mit etwas eins werden
misa: katholischer Gottesdienst
miseria: hier: dieser Müll
móloc: una metrópoli
mordaza: Knebel
mover cielo y tierra: hacer todo lo posible
multifacético: tiene muchos aspectos
mundial: Fußballweltmeisterschaft

N

nada de ruido ni de polvo: weder Lärm noch Staub
narrador nato: begnadeter Erzähler
naufragar: Schiffbruch erleiden
negadora: persona que niega la realidad
neurotizarse: volverse loco
ni una mosca: nadie
nieto: Enkelkind

O

obligar: zwingen
obra de arte: Kunstwerk
olvidadizo: vergesslich
omnisciencia: saber todo
oponerse: estar en contra
oso panda: Pandabär
oscilar: pendeln, oszillieren

P

pa': para
países en despegue económico: Schwellenländer
paleto: desp. el español no madrileño, inmigrante provinciano
paliza: eine Tracht Prügel
palpitante: pochend, lebendig
para colmo de males: das kommt erschwerend hinzu
paradoja: Paradoxie, Widerspruch
parecía un saurio: era feo

parlanchín: una persona que habla mucho
parrandero: va mucho a las fiestas, le gusta la parranda
parroquia: Pfarrei
partida de nacimiento: Geburtsurkunde
partírsele el alma a alguien: jdm. das Herz zerbrechen
pasar a mejor vida: morir
patear el tablero: das Spielbrett beim Verlieren umwerfen
patera: Floss
patrón: Boss
¡Pedazo de listo!: Du Schlaukopf! / Du Genie!
pedida de mano: Heiratsantrag
pedir la mano: um die Hand anhalten
pedir la palabra: sich melden
pegamento: Klebstoff
pejerreyes: kleine Fische
pelear: sich prügeln
peluche: Plüschtier
pensar para sus adentros: (still) nachdenken
penuria: Mühsal
perder los papeles: reaccionar con cólera
perdonar: vergeben
periodista acreditado: Reporter mit Presseakkreditierung
perpetuar: continuar
perpetuarse: continuar en el poder
perrito faldero: Schoßhündchen
perspectiva de cíclope: einäugige Perspektive
pesado: lästig
pinchar: anklicken
pintoresco: malerisch
pisoteado: mit Füßen getreten
planear: hier: schweben
plata (Sudamérica): el dinero
plátano: la banana
pleito: Streitigkeit
polideportivo: Sportanlage in Spanien
polivalencia: Bedeutungsreichtum
poner los pelos de punta: jdn. empören
ponerle cemento a algo: einbetonieren
por excelencia: schlechthin
por la iglesia: kirchlich
por su bien: in Ihrem Sinne, im Sinne Ihres Wohlergehens
porteño: aus Buenos Aires
porvenir: Zukunft
precavido: vorausschauend
prejuicios y lugares comunes: Vorurteile und Allgemeinplätze
presión: Druck
presionar a alguien: jdn. unter Druck setzen
preso político: está en la cárcel por sus convicciones políticas
PRI: Partido Revolucionario Institucional, ehemalige Einheitspartei Mexikos
proveedor: der Internetprovider

Q

que en paz descanse: möge ihre Seele in Frieden ruhen
¡Qué fuerte!: hier: Das ist ein starkes Stück!
¡qué tía!: diese Frau ist unmöglich
querendón (fam.): liebevoll, herzlich

R

rasgo: Merkmal, Züge
rechazar: decir que no
reclamar justicia: Gerechtigkeit fordern
reconciliar: versöhnen
recrudecer: agravarse
recurrir: usar, aplicar
reducir a alguien: dingfest machen
reducirse: sich auf etw. beschränken
refunfuñar: schmollen, ungern etwas tun
regatear: discutir sobre el precio
reírse a carcajadas: lauthals lachen
repugnancia: Ekel
restarle algo a alguien: decir que a alguien le falta algo
revolcarse: sich herumwälzen
rezar: beten
rojos: verallgemeinernde Bezeichnung für linksradikale und sozialdemokratische Kräfte
rotos: (Chi. ugs.) la gente muy pobre
rumbo a: in Richtung
rumiar: wiederkäuen, hier: beteuern
rumor: lo que dice la gente, la opinión

S

salir adelante: Erfolg haben
salvar las apariencias: den Schein wahren
saquear: dejar vacío
sediento de aventuras: quiere vivir aventuras
sentirse triste: traurig sein
sepultar: begraben
ser despojado: te quitan todo

ser una oveja: tener un carácter débil
servidumbre: Diener
sicario: Auftragskiller
siendo chileno: als Chilener
silicosis: enfermedad pulmonar
sin raíces: entwurzelt
sindicato: Gewerkschaft
siseante: zischend
sobreviviente: Überlebender
socavón: la mina
soltera: ledig
sugerir: andeuten
sutilmente: en secreto
sí o sí: keine Widerrede

T

tareas: los deberes
tartamudo: Stotterer
tener una elevada opinión de alguien: pensar que una persona es excelente
teoría conspirativa: Verschwörungstheorie
tergiversar: verfälschen
terokal (Per.): Klebstoffmarke
terrícola: Erdling
territorio: mein Revier
tesoro más preciado: wertvollster Schatz
testarudo: störrisch
tina: Badewanne
tirarse para abajo: hier: sich von der Brücke hinunterstürzen
todoterreno: hier: vielseitig
trabajar en construcción: in der Baubranche arbeiten
trago: Schluck, auch: hochprozentiger Alkohol
trampa: Falle
trapo: Stofffetzen; Waschlappen
trompearse: sich prügeln
truhán: Gauner
tutear: duzen

U

un disparo se suelta: ein Schuss löst sich
Unidad Popular: Bündnis der linken Parteien unter Allende

V

vagar: (herum)streunen
vaivén: ein Hin und Her
válvula de escape: Ventil
vanidad intelectual: es vanidoso porque cree que sabe mucho
venganza: Rache
vergüenza: Scham
vigencia: Gültigkeit
villas-miseria (Arg.): wörtl. Elendsviertel
vínculo: Beziehung
visión en blanco y negro: Schwarz-Weiß-Malerei
vociferar: gritar
voluble: empfindlich
vomitar: sich übergeben

Y

yerno: el esposo de la hija
Yunaites (Mex.): Estados Unidos

Z

zapatillas: Sportschuhe
zurcido y parchado: Flickwerk

Expresiones características para aconsejar

1. **Aconsejar, sugerir, recomendar... + subjuntivo**
   - Te aconsejo que seas sincero.
   - Te sugiero que no veas más a tu novio.
   - Le recomiendo que beba mucha agua.

2. **Es importante / recomendable que... + subjuntivo**
   - Es importante que dejes de tomar.
   - Es recomendable que consulte con su médico.

3. **Deberías / Debes + infinitivo**
   - Deberías salir más.
   - Deberías abrigarte, hace frío.
   - Debes esforzarte mas, si quieres seguir en la empresa.

4. **Yo + condicional**
   - Yo le contaría la verdad.
   - Yo no trabajaría tantas horas, no es sano.

5. **Yo que tú + condicional**
   - Yo que tú no volvería a quedar con él.
   - Yo que tú empezaría a estudiar ya mismo, ese examen es muy dificil.

6. **¿Por qué no...?**
   - ¿Por qué no te apuntas al gimnasio?
   - ¿Por qué no aprendes inglés?

Handreichung

I. Individuo y convivencia social / Amores, amantes, amados

Die thematischen Schwerpunkte «Individuo y convivencia social» und «Amores, amantes, amados» sind in einer besonderen Weise miteinander verknüpft, denn sie ergänzen sich und fokussieren gemeinsame Lernziele, auch wenn in der Praxis verschiedene Lektüren dazu führen sollen. Im Grunde ist diese Wechselwirkung nachvollziehbar, insofern die Beziehungsebene und die Partnerschaft im privaten Bereich als Mikrokosmos betrachtet werden können, der im größeren Zusammenhang das soziale Miteinander ergänzt und sogar determiniert.

Die indirekte Erfahrung, die die Auseinandersetzung mit Literatur (auch in der Fremdsprache) ermöglichen soll, wird in diesem Sinne besonders erweitert, denn die Prüflinge sind dabei, sich selbst in der Beziehung zu ihren Mitmenschen zu finden und zu definieren. Ich habe festgestellt, dass die jungen Menschen, die sich mit der Handlung der literarischen Vorlage in der Fremdsprache auseinandersetzen, sich in ihrer Unerfahrenheit auf eine besondere Art und Weise mit dem Geschehen verstricken und häufig eine ehrliche und unverblümte Beurteilung und Stellungnahme wagen. Es mag sein, dass sie über einen ihnen zunächst unbekannten Lebensumstand oder Kulturkreis Aussagen treffen, aber dieses Behaupten bleibt nicht ohne Nachwirkung und kommt bewusst oder unbewusst der Auseinandersetzung mit der eigenen Wirklichkeit und dem eigenen Umfeld zugute.

Der erste gemeinsame Nenner dieser beiden Schwerpunkte ist meines Erachtens das Gelingen der Kommunikation. Scheitert die Kommunikation in der Partnerschaft, so scheitert die Beziehung; scheitert das Individuum im Umgang mit seinem sozialen Umfeld, so ist ein Neuanfang notwendig. Das Zusatzprädikat «Momentos cruciales en la vida humana», das häufig als eigenständiger Schwerpunkt angeführt wurde, betont diese Gemeinsamkeit, denn Konflikte und Auseinandersetzungen, die eine Entscheidung verlangen, prägen das Leben in der Partnerschaft und im sozialen Miteinander.

An zweiter Stelle fördert die Auseinandersetzung mit einem fiktiven Dilemma die Fähigkeit, Probleme zu analysieren und zu lösen. Dabei wird häufig eine moralische Dimension berührt, da jede begründete Entscheidung eine vernünftige und nachvollziehbare Argumentationskette voraussetzt, die das Vorteilhafte, Sinnvolle und Gute zu ermitteln versucht. In diesem Sinne schafft die Auseinandersetzung mit den thematischen Schwerpunkten nicht nur die Optimierung der Ausdrucksfähigkeit, sondern auch eine Wertevermittlung, die als ureigen zu betrachten ist, da sie nicht gepredigt werden kann, sondern als Ergebnis der konstanten pragmatischen Abwägung hervorgeht. Dabei können beachtliche Lernziele erreicht werden, die im Folgenden ohne Anspruch auf Vollständigkeit tabellarisch aufgelistet werden.

Amores, amantes, amados
Bedeutung der Treue und der ehrlichen und respektvollen Kommunikation in einer Partnerschaft erkennen und begründen
Das Gelingen einer Partnerschaft auf Augenhöhe als Teil der persönlichen Verwirklichung würdigen
Die Gewohnheit und die Bequemlichkeit bzw. die Zweckgemeinschaft als Gegenmodell zur romantischen Liebe durchschauen
Das Ideal der romantischen Liebe («Ted-Mosby-Komplex») problematisieren
Die fehlende Selbstliebe problematisieren und ihre Folgen erläutern

Amores, amantes, amados
Explizite und implizite Trennungsgründe erläutern
Die Funktion der Trauerarbeit und des Liebeskummers erklären und würdigen
Vorurteile und Mythen, z.B. Südländer, «die Spanier», el macho ibérico entlarven und dekonstruieren
Erläutern, warum das Verstehen des Partners auch ein kulturelles Verstehen ist

Momentos cruciales en la vida humana
Probleme im Leben als Aufgaben und Herausforderungen begreifen und annehmen, d.h. Lösungswege formulieren
Das eigene Problemlösen anwenden und auf die Zwickmühlen der fiktiven Figuren übertragen
Erläutern, ob und inwiefern die (Last der) Vergangenheit auch eine Lernmöglichkeit darstellt
Verdeutlichen, dass Vergangenheit, Gegenwart und Zukunft sich gegenseitig bedingen (die Vergangenheit lebt in der Gegenwart weiter, die Zukunft wird in der Gegenwart programmiert)
Erläutern, inwiefern Rituale in der Gesellschaft den Übergang in eine neue Phase einleiten; die Notwendigkeit und Sinnhaftigkeit dieser Rituale würdigen

Individuo y convivencia social
Erklären, inwiefern die individuelle Freiheit häufig vom Gruppenzwang beeinträchtigt wird
Problematisieren, inwiefern man im Netz der Beziehungen (Familie / Freunde / Gesellschaft) verstrickt und gleichzeitig aufgehoben ist
Begründen, warum man sich (nicht) politisch engagieren müsste
Erläutern, ob Bildung und Emanzipation sich gegenseitig bedingen
Die Wechselwirkung zwischen Bildung **und** Emanzipation und Gleichberechtigung (ggf. Fairness) erkennen
Die Würde des Menschen in Beziehung zum friedlichen Zusammenleben setzen

Mittlerweile ist die Ausbildung der interkulturellen Kompetenz im Fremdsprachenunterricht zunehmend wichtiger geworden. Das hängt auch mit einer vertieften Auseinandersetzung mit dem Begriff der interkulturellen Kompetenz (IK) zusammen, die zu einer stärkeren Differenzierung der Lernziele geführt hat. Während ursprünglich eine interkulturelle Kompetenz gemeint war, die lediglich gesicherte Kenntnisse bezogen auf soziokulturelle Themen und Inhalte fremder Kulturräume umfasste, auf komplexe interkulturelle Situationen vorbereitete und die Fähigkeit zum Perspektivwechsel fördern sollte (EPA Spanisch, S. 3), wird heutzutage zusätzlich zu diesen Aspekten die Reflexion der Lernenden über eigene Prägungen und Vorurteile und über die eigene Kultur und Identität erwartet. Es liegt alles in allem auf der Hand, dass der gelingende Spanischunterricht in der Oberstufe einen wichtigen Beitrag zur Ausbildung der textanalytischen Fähigkeiten und der Mündigkeit der Prüflinge leisten kann.

Un trago más

Im Mittelpunkt dieser Szene steht eine Beziehungskrise. Martina und Desiderio González, ein Ehepaar mit zwei Kindern, haben eine Auseinandersetzung am Freitagabend. Der enttäuschte und passive Desi ist nicht sehr gesellig und zieht es vor, sich zu Hause zu betrinken. Das erzürnt Martina, die ihm unterstellt, ein Alkoholiker zu sein. Zunächst reagiert Desi nicht auf die Sticheleien seiner Ehefrau: «Eres un borracho sin remedio.» Sie ist offensichtlich unglücklich in ihrer Ehe, und offenbar ist es für sie frustrierend zu erleben, wie ihr Ehemann sich am Wochenende betrinkt. Dieser kontert schließlich und bittet sie, darüber nachzudenken, welche Gründe ihn dazu treiben. Da sie ihn nicht in Ruhe lässt, erklärt er: «Bebo de tristeza, Martina. El alcohol me hace olvidar la vida que llevamos. Me hace olvidar tus reproches y tus críticas.» Sie nimmt ihn nicht ernst und versteht seinen Hilferuf nicht. Stattdessen stellt sie fest, eigentlich sei er derjenige, der den anderen kritisiert. Damit dreht sie ganz raffiniert den Spieß um.

Die erwartete Charakterisierung der Figuren ist keine leichte Aufgabe, da man die Situation und die Motive der Aussagen durchschauen muss. Bei der Erörterung der Frage, ob Desi ein Alkoholiker ist, gibt es viele Argumente, die dafür und dagegen sprechen. Entscheidend ist die Begründung des Standpunktes als Ergebnis einer Abwägung. Der Verweis auf den Titel und auf den Hinweis Martinas (l. 5) dürfte ausreichen, um zu vermuten, dass Desi gerne über den Durst trinkt und seine Grenze überschreitet.

Um das kreative Schreiben zu fördern, kann man eine Fortsetzung der Szene oder einen Perspektivwechsel aufgeben.

Martina y Desiderio son un matrimonio con hijos. Ambos se sienten frustrados en su relación y no llevan una vida familiar en armonía.

En realidad, no se preguntan cómo se siente el otro, y Martina comienza con las críticas.

No es claro si ella quiere que él deje de beber o si solo quiere provocarlo.

Desi es bastante pasivo. Al principio no reacciona a las críticas de su esposa y sólo quiere que ella lo deje en paz. Su carácter es pacífico y él supone que su mujer se aprovecha de eso. El es consciente de su situación y sabe que bebe de tristeza, pero no ha encontrado el modo de decírselo a su mujer. En este sentido, se puede pensar que no es directo, o que es un poco cobarde.

También es orgulloso porque no pide afecto de su mujer, sino se refugia en el alcohol. No es sociable porque prefiere quedarse en casa y beber solo.

Martina es una mujer bastante elocuente y enérgica. A diferencia de su marido, ella es muy directa. Se siente muy descontenta con la vida que lleva y responsabiliza a su marido del estancamiento de la relación. Ella lo critica mucho, pero sin llegar a ser auto-crítica.

La pedida de mano

In dieser tragikomischen Szene sitzt der verliebte Felipe zwischen den Stühlen. Zunächst wendet er sich an Celias Vater und hält um ihre Hand an. Der Vater ist unschlüssig und schickt ihn zu Celia. Diese meint, eigentlich könne man so nicht mit dem Einverständnis des Vaters rechnen. Felipe kommen diese Ausreden albern vor und deswegen ist er im Begriff aufzugeben. Als Celia dies merkt, fragt sie nach dem Verlobungsring. Der verdutzte Felipe geht darauf ein und verspricht, einen Ring zu besorgen. Celia erklärt sich bereit, ihn zum Juwelier zu begleiten.

Felipes geringes Selbstwertgefühl prägt die Beziehung zu Celia. Diese ist sich seiner Liebe sicher und man kann die Asymmetrie deutlich erkennen: «¿No te apetece mejor un café?» Ihre Prioritäten sind völlig unterschiedlich, denn er möchte die Beziehung formalisieren, aber sie bleibt lieber unverbindlich. Der treuherzige Felipe ist sehr verliebt und vergöttert Celia geradezu. Celia nutzt ihre Überlegenheit und würdigt bzw. erwidert Felipes Liebe gar nicht. Sie lässt ihn regelrecht zappeln und genießt es scheinbar. Sie ist sonst sehr selbstsicher, aber es fällt ihr schwer, Felipe einen Korb zu geben. Als dieser aufzugeben scheint, besinnt sie sich und zeigt sich darauf erpicht, den Verlobungsring auszusuchen.

Die analytische Aufgabestellung setzt voraus, dass der Mythos des sog. «macho ibérico» im Unterricht behandelt wurde, vornehmlich ausgehend von Concha Romeros «¿Tengo razón o no?». Bei diesem Motiv geht es um einen promisken Männlichkeitskult, wobei als «macho ibérico» der Spanier gilt, der sich durch sein unstillbares Verlangen nach sexueller Befriedigung auszeichnet. Es sollte auffallen, dass Felipe genauso wie Desi in «Un trago más» die Antithese des «macho ibérico» verkörpert, da er das Geschehen nicht bestimmt und sich von der Frau um den Finger wickeln lässt. Während der iberische Macho sich seiner Affären hemmungslos bedient, ist Felipe sehr behutsam und rücksichtsvoll.

Zu diesem Text würde sich auch eine Charakterisierung als zweite Aufgabe eignen, wobei die Gegensätzlichkeit der Figuren als Fazit hervorzuheben wäre. Bei der Fortsetzung der Geschichte müsste die Unvereinbarkeit der Figuren erkannt werden, und das Ergebnis sollte dazu tendieren, dass Felipes Wünsche in jedem Fall untergehen werden. (Es sei denn, Celia ändert sich radikal.)

Reencuentro con la hembra ibérica

Zu seiner Verärgerung begegnet der innere Erzähler, Chacho, auf dem Madrider Flughafen Irene, seiner Ex. Diese überaus elegante und selbstverliebte Frau wird von ihrem Neuen, Knut, begleitet, und bei der Begegnung fingiert sie eine freundliche Leichtigkeit. Der innere Erzähler beschreibt sie als scheinheilige Person, und sie schafft es, ihn durch die Blume zu kränken, indem sie auf sein Talent und auf sein literarisches Versagen hinweist. Er kontert mit dem Hinweis, sein neuer Roman handle von den käuflichen Frauen, mit denen er in der Vergangenheit verkehrt hatte.

Im Unterschied zum extrovertierten und selbstverliebten Carlos («Tengo razón o no?») ist Chacho schüchtern und sogar menschenscheu. Wir erfahren wenig über die damalige Beziehung zwischen Chacho und Irene, aber sie scheint nicht sehr glücklich gewesen zu sein, denn er beteuert, in seinem früheren Leben keiner lieben Frau begegnet zu sein («escorpiones»). Irene ist mit ihrem neuen Leben an Knuts Seite recht zufrieden, und trotzdem stichelt sie gegen den überforderten Chacho, der am liebsten vorbeigelaufen wäre. Die wenigen Hinweise machen aus dieser Beziehung eine Unbekannte, so dass die Prüflinge über die Motive spekulieren sollen, die zu Chachos Reaktion geführt haben. Darüber hinaus sollen sie Chachos Verhalten beurteilen. Mit Rückgriff auf den Titel könnte man davon ausgehen, dass Chacho Irene als «hembra ibérica» einstuft und die Beziehung weder verdaut noch überwunden hat.

El insomnio de los padres

Jerónimo und Silvia sind ein Ehepaar, das sich am frühen Morgen über den Verbleib ihrer Tochter Clara wundert. Der eifersüchtige und aufbrausende Vater führt deren Verhalten auf seine sanften Erziehungsmethoden zurück, während die Mutter der Ansicht ist, dass Clara den Kontrollwahn des Vaters nicht ertragen konnte. Silvia ist ein starker Charakter und sagt ihrem Mann die Meinung: «¡Pedazo de listo!» Offensichtlich war dem Vater für seine junge Tochter kein Verehrer gut genug und er konnte nicht damit umgehen, dass sie erwachsen geworden ist. Zudem ist es klar, dass er nicht einmal im Bilde ist, denn er vermutet, dass Clara mit Rodrigo durchgebrannt ist. Aber die Mutter weiß, dass Kevin in Frage kommt. Der Vater ist entsetzt, denn in seinen Augen wäre der Stotterer Kevin die schlechtere Wahl.

Im Mittelpunkt der Szene stehen das Erwachsenwerden Claras und die Ratlosigkeit und Einsamkeit der Eltern, die keinen richtigen Draht zur Tochter aufbauen konnten. Der Vergleich mit dem älteren Ehepaar Benjamín und Herminia («Las ataduras») ist sehr ergiebig. Der pensionierte Lehrer Benjamín ist rechthaberisch und besserwisserisch, Herminia gibt häufig nach, gibt ihm Recht, aber sie hat ihre eigene Meinung und plädiert häufig für einen vernünftigen Mittelweg. Während Jerónimo und Silvia im Unklaren verweilen, haben sich Benjamín und Herminia längst mit der Tatsache arrangieren müssen, dass ihre Tochter einen französischen Maler geheiratet hat. Dabei wird die Situation verkompliziert, da Philippe ein überheblicher Pariser ist, der die spanische Sprache nicht erlernen möchte.

Während Jerónimo häufig übers Ziel hinausschießt und sich leicht reizen lässt, weist die lebenskluge Silvia ihn in die Schranken. In dieser Hinsicht unterscheidet sie sich von Herminia, denn diese verhält sich eher passiv und täuscht Gehorsam vor. Herminia ist allerdings geschickt, denn sie erreicht Dinge über ihre Tochter, da diese vom Vater praktisch vergöttert wird.

Schon der Titel verdeutlicht die Überforderung der Eltern, die sich große Sorgen machen und im Grunde hoffen, dass der Tochter nichts passiert ist und sie «lediglich» mit einem Mann durchgebrannt ist. Die Mutter erkennt, dass diese Situation hausgemacht ist, aber der Vater weist jede Verantwortung von sich.

¿Quieres estar conmigo?

Die Bearbeitung dieser Szene setzt die Behandlung von Benedettis «La noche de los feos» voraus. Juan ist in Virginia verliebt, gesteht seine Liebe und fragt Virginia, ob sie seine feste Freundin sein möchte. Sie aber schämt sich seinetwegen und möchte nicht, dass man sie mit ihm sieht. Der bescheidene Juan bittet sie um eine Chance, aber sie weicht aus.

Schließlich offenbart sie ihm, dass sie ihn hässlich findet. Der verletzte Juan schluchzt, und Virginia versucht, ihn zu trösten, aber er zieht sich dann zurück, denn für ihn ist klar, woran er bei Virginia ist, sodass er mit ihr definitiv bricht. Dieses Ende schafft jedoch eine fruchtbare Leerstelle.

Die Figuren in Benedettis Erzählung sind nicht lang befreundet, sondern lernen sich vor dem Kino kennen. Beide spüren tagtäglich die Verachtung ihrer Mitmenschen, die sie offenbar meiden, da sie hässlich sind. Sie stehen aber zu ihrem Aussehen, finden zueinander und verbringen die Nacht zusammen. Hierbei ist das Ende auch offen.

Aus dem direkten Vergleich geht hervor, dass Juan und Virginia sich länger kennen, aber aus dieser Beziehung ist nur die unerwiderte Liebe Juans hervorgegangen. Die Figuren in Benedettis Kurzgeschichte werden lediglich als «los feos» bezeichnet, und sie wissen sich von dem gängigen Schönheitsideal ihrer Mitmenschen ausgeschlossen.

Man kann darüber hinaus problematisieren, ob Virginia als oberflächlich zu betrachten ist, auch unter Berücksichtigung der Tatsache, dass sie keine Beziehung anfangen möchte, wenn das Gefühl nicht stimmt. Man fragt sich auch, ob Juans Gefühle echt waren, wenn er nach dem «Alles-oder-nichts»-Prinzip handelt und nach dem Korb auf Virginias Umgang verzichtet. Anhand von beiden Geschichten kann man das Wesen der Liebe problematisieren.

Triángulo amoroso

Alejandra und Pedro sind ein junges Paar, das mit Pedros Handysucht zu kämpfen hat. Sie kritisiert sein unhöfliches Verhalten und seine fehlende Bereitschaft, ein vernünftiges Gespräch mit ihr zu führen. Alejandra befürchtet, dass er mittlerweile vom Handy abhängig ist, sodass er es nicht schafft, sich auf eine Sache zu konzentrieren. Pedros Argumente sind sehr kindisch, und er meint, Alejandra würde übertreiben. Diese aber findet seine Ignoranz unerträglich, und da er nicht auf sie eingeht, sondern sich vielmehr für die Meinung der Leute in der Nähe interessiert, platzt ihr der Kragen. Pedro macht sich über sie lustig und fragt sie, ob er sie fotografieren darf, um das Foto anschließend zu posten. Empört droht sie damit, die Beziehung zu beenden, und schlägt ihm vor, sein Smartphone zu ehelichen. Pedro kontert selbstzufrieden und schickt sie fort, da er sich ohnehin eingeengt gefühlt habe.

Die jungen Leute sind nicht sehr erfahren, aber Alejandra verhält sich reifer und ist rhetorisch überlegener. Sie erwartet Vertrauen, Respekt und Verlässlichkeit von ihrem Freund, aber für ihn ist die virtuelle Welt anscheinend wichtiger als seine Freundin. Pedro entgeht, dass sie mit ihm reden möchte, und im Gespräch diskutieren sie nur darüber, dass ihre Kommunikation vom Smartphone behindert wird. Offenbar interessiert er sich kaum für Alejandras Befindlichkeit, denn er redet nur über sich selbst, über sein *Multitasking* und über die Anzahl der neu ankommenden Nachrichten. Daher könnte man annehmen, dass er für eine Beziehung nicht reif ist.

Der Dritte in dieser Mesalliance ist das Smartphone. Das wird von Alejandra erkannt und angeprangert, und der eigenschnappte Pedro denkt nicht darüber nach, sondern weist den Vorwurf zurück und verspielt somit die Möglichkeit, daraus zu lernen und auf seine Freundin einzugehen.

Mucho hombre

Es wäre sinnvoll, diese Szene mit Monteros «El puñal en la garganta» zu vergleichen, denn beide Paare führen eine sog. toxische Beziehung. Julia bemüht sich um Manuel, bekocht ihn und versucht, auf seine Wünsche einzugehen, aber sie erntet keine Anerkennung. Manuel möchte nur in Ruhe gelassen werden, um weiter im Internet zu surfen. Julia ist gekränkt, da er das Abendessen nicht anrühren möchte, und als Manuel versucht, die Wohnung zu verlassen, versperrt sie ihm den Weg, weil sie mit ihm reden möchte. Darauf reagiert Manuel mit Beleidigungen und behauptet sogar, dass sie nur wegen der Steuern und der Gewohnheit verheiratet sind. Auch wirft er ihr vor, ihm kein Kind geschenkt zu haben. Das verletzt Julia zutiefst, aber sie deutet an, dass es nicht an ihr gelegen habe. Die dadurch gekränkte Männlichkeit wird schon im Titel angekündigt.

Die sprachlich anspruchsvolle Erzählung Monteros präsentiert zwei gescheiterte Existenzen. Die Ich-Erzählerin wohnt zusammen mit ihrem jüngeren Partner Diego im Hotel, und sie halten sich mit Nebenjobs über Wasser. Sie beschreibt Diego als einen notorischen Alkoholiker, wobei auch sie viel trinkt. Sie bleiben zusammen, weil sie sich nicht trennen können. Sie ist ihm ergeben, bis sie Diegos perfiden Plan entdeckt: Während einer Messerwerfer-Show soll sie vor dem Publikum ermordet werden. So weit soll es jedoch nicht kommen, denn die Ich-Erzählerin beschließt, Diego langsam zu vergiften, indem sie jeden Tag einige Gramm Sipabiyao in sein Sakeglas tut.

Julia und Manuel sind verheiratet, leben in geregelten Verhältnissen und konsumieren weder hochprozentigen Alkohol noch härtere Drogen, während das andere Paar von Geldsorgen geplagt wird, in den Tag hineinlebt und vom Rauschgift abhängig ist.

In beiden Fällen gibt es Auseinandersetzungen und verletzende Wortgefechte. Während Diego handgreiflich werden kann, rührt Manuel sene Frau nicht an. Beide Paare sind kinderlos.

Die Ich-Erzählerin lässt sich alles von ihrem Liebhaber gefallen, sie ist ihm am Anfang komplett ergeben, aber Diego scheint sie nur zu benutzen. Am Ende ist das Vertrauen verwirkt. Beide Männer haben Geheimnisse vor ihren Partnerinnen: Diego mit seinen Machenschaften und geheimen Plänen, Manuel mit seiner surfenden Tätigkeit im Internet.

«Estamos atados.» – Dieser Satz verdeutlicht Manuels Schicksalsergebenheit, als hätte er sich mit seiner unglücklichen Ehe abgefunden. Der Satz gilt aber nicht für eine glückliche Beziehung, sondern eher für eine Zweckgemeinschaft.

II. Ficción y realidad

Dieser Schwerpunkt ist nicht häufig behandelt worden, enthält jedoch ein großes Potenzial, da folgende literaturtheoretische und philosophische Themen problematisiert werden können:

- Die Unterschiede zwischen Fiktion und Wirklichkeit, zwischen der Dichtung und dem Bereich, in dem sich der Rezipient bewegt
- Die Wechselwirkung zwischen Fiktion und Wirklichkeit, wobei die Wirkungsabsicht des Verfassers stärker fokussiert wird
- Die erzählte Wahrheit als Grenze der eigenen Sicht und die objektive Wahrheit als ncht zu erreichender Horizont
- Erörtern, inwiefern Literatur als Spiel und Wirklichkeit als Ernst aufgefasst werden können
- Der Unterschied zwischen Schein und Sein, zwischen Fassade und letzter Wirklichkeit.
- Die belehrende Funktion der Märchen
- Die sozialkritische Rolle der Science-Fiction-Literatur und der Dystopien
- Die Themen und Lernziele bieten die fächerübergreifende Kooperation mit dem Fach Deutsch

Nuestra glamorosa novia

Die Erzählung hat drei Phasen: Vorgeschichte, Wiedersehen und Enthüllung. Manuel, der Ich-Erzähler, berichtet über seine ehemalige Mitschülerin Sirena, in die fast alle Jungen in seiner Klasse verliebt waren. Sirenas Ausstrahlung entgeht weder den pubertierenden noch den älteren Schülern, und das Mädchen entwickelt sich zu einer *fille fatale*. Viele Jahre später begegnen sie sich wieder und obwohl Manuel sie zu meiden versucht, beginnen sie eine Affäre. Der Ich-Erzähler bleibt skeptisch und vermutet, von Sirena benutzt zu werden. Zu seiner Verwunderung entpuppt sich Sirena als Sauriena, eine außerirdische Lebensform, die sich über die oberflächliche Natur der Erdlinge mokiert.

Diese Erzählung lässt sich mit Monteros «El error» vergleichen. In dieser futuristischen Erzählung weigert sich Alma, ein Android, zu akzeptieren, dass sie kein Mensch ist und bald recycelt werden muss. Es gibt eine übergeordnete Wahrheit, die vom allwissenden Erzähler vermittelt wird, während bei «Nuestra glamorosa novia» der unerfahrene und naive Ich-Erzähler mit der Wahrheit Saurienas konfrontiert wird.

Saurienas Botschaft entspricht der Vorstellung eines Systems, das über die Individuen verfügt, die im Irrtum verharren. Während Alma denkt, dass sie ein beseelter Mensch ist, sind die Menschen in Manuels Welt der Idee der romantischen Liebe verfallen. Sauriena suggeriert, dass jegliche Transzendenz nichtig ist und dass die Herrschaft der Überlegenen nicht von den unklugen Erdlingen durchschaut werden kann.

Alma, die Hauptfigur in «El error» hält sich für einen Menschen, und ihre Gefühle und Ängste sind als Produkte eines hoch entwickelten Bewusstseins anzusehen. Sie ist davon überzeugt, dass ihre geplante Einschmelzung ein Fehler sein muss, und wehrt sich mit allen Mitteln. Bezüglich der Unwissenheit ist sie mit dem Ich-Erzähler zu vergleichen, der dem Willen Saurienas hoffnungslos ausgeliefert ist.

Saurienas Aussage ist komplex und unterstellt die fehlerhafte Weltsicht der Erdlinge in kosmologischer Hinsicht sowie die Tatsache, dass die romantische Liebe Teil einer fremdgesteuerten Illusion sein soll.

Conspiración al descubierto

Diese lange Erzählung könnte gekürzt oder in zwei Phasen bearbeitet werden. Ihre Behandlung erscheint mir sinnvoll, vor allem in einer Zeit, die Verschwörungstheorien unentwegt produziert.

Der Ich-Erzähler, ein anerkannter Journalist, kommt zu der Erkenntnis, dass die Anführer der Menschheit Aliens sind, die die naiven Erdlinge unterdrücken. Er verfasst dann ein Buch, aber dieses wird von keinem Verlag angenommen. Daher beschließt er, sein Werk im Internet zu veröffentlichen. Aber nach einigen Tagen wird seine Seite gesperrt und er wird von der Polizei abgeholt. Der Ermittler empfiehlt ihm, mit dem Unsinn aufzuhören: «¿Se ha puesto a pensar que pasaría si mil o dos mil personas empezaran a creer en las idioteces que usted escribe?» Der Unbelehrbare versucht, seine Geschichte in der Zeitung zu veröffentlichen, aber er wird vom Chefredakteur nicht empfangen. Dann fasst er den Plan, sich bei seiner Schwester in London zu verstecken. Er findet seine Wohnung aber verwüstet vor und wird in eine Klinik eingewiesen. Nach seiner Darstellung wird ihm die Möglichkeit zu widerrufen gegeben, aber er weigert sich.

Der Ich-Erzähler steigert sich in eine Situation hinein, vergisst seinen normalen Alltag und gerät in eine Verfolgungsdynamik. Nach der thesenhaften Formulierung seiner Vermutung und der Veröffentlichung seines Werkes im Internet geht es mit ihm abwärts. Er verliert das Thema aus den Augen und seine Verfolgung gerät in den Mittelpunkt.

Eine Charakterisierung der Hauptfigur würde das Ganze verdeutlichen. Der offenbar selbstbewusste Journalist veröffentlicht die Enthüllung eines perfiden Systems, das die Menschen unterdrückt. Seine Geschichte soll diesen Unterdrückungsmechanismus untermauern. Er ist zwar fleißig, hartnäckig und bissig, aber diese Tugenden werden bei ihm zur Besessenheit, sodass er nicht merkt, dass er seine Karriere gefährdet. Aus seinem Privatleben erfährt man nur über eine Schwester in London.

Anhand dieser Vorlage könnte man nicht nur die Grenzen des Enthüllungsjournalismus, sondern auch die Natur der Verschwörungstheorien problematisieren.

III. Migraciones

Der Themenkreis «Migraciones» wurde zunächst im spanischen Lehrplan des Faches «Lengua y Literatura» Anfang der 90er eingeführt. Die Auseinandersetzung mit dem Phänomen der Einwanderung war und ist in Spanien anders geartet als in Deutschland, bedingt durch die unmittelbare Nähe zu Nordafrika. Schon am Anfang der 90er setzte ein kleiner Boom der spanischen Jugendromane ein, die das Thema der Einwanderung darstellten[4]. Das hing vor allem mit der Forderung nach einer verstärkten Wertevermittlung zusammen, die Díaz Aguado als «axiología didáctica» verstand[5]. In diesem Sinne wurde auch von Pozzo gefordert, das Motiv der Einwanderung in der Lehrerausbildung zu integrieren[6].

Im Spanischunterricht der Oberstufe in den westlichen Bundesländern gehört der thematische Schwerpunkt «Migraciones» mittlerweile zum Standardrepertoire. Zu diesem Zweck werden verschiedene Romane und Erzählungen als Pflichtlektüren festgelegt, die hauptsächlich die Einwanderung nach Spanien und in die USA thematisieren. Zusätzlich zu den Lektüren werden auch Filme eingesetzt, die den Schwerpunkt medial ergänzen.

Die ausgewählten Lektüren sind hauptsächlich als Jugendromane einzuordnen, die das Motiv der Migration und ihre Folgen darstellen. Sie entsprechen einer einfachen Poetik, da sie brisante Probleme der Gegenwart mit einer belehrenden Absicht verknüpfen, sodass die Wertevermittlung im Vordergrund steht. Lektüren wie *Abdel* von Enrique Páez und *La aventura de Saíd* von Josep Lorman gehören mittlerweile zum Lektürekanon und wurden jahrelang an deutschen Schulen behandelt, wobei das Problem der Einwanderung als eine entfernte, allein Spanien und Italien betreffende Angelegenheit betrachtet wurde. Die Ereignisse seit 2015 haben gezeigt, dass diese Sicht sehr eingeschränkt war.

Los planes de Saíd

Die Behandlung dieser Erzählung setzt die Lektüre von *Abdel* (Enrique Páez) voraus. Wenigstens müsste die Ankunft einer literarischen Figur behandelt worden sein, die als illegaler Einwanderer agiert. Uns muss bewusst sein, dass alle diese Texte eine interkulturelle Konstruktion darstellen, die Authentizität fingiert, wobei die Erzählung und die Gedankenwelt des Einwanderers in einer für sie fremden Sprache (Spanisch) dargestellt werden.

Der Ich-Erzähler, Saíd, berichtet über eine Situation, die fast zum Topos geworden ist, und zwar die Ankunft von Schiffbrüchigen an der Küste Südspaniens. Saíd entkommt der Guardia Civil und den Hunden. Angst, Enttäuschung und Einsamkeit prägen seine Gefühle. Zum Glück wird er von freundlichen Jugendlichen versorgt, wobei die Sprachbarriere für ihn eine große Hürde darstellt. Said stellt fest, dass er von Natur aus sehr gesprächig ist und dass die Unfähigkeit, sich verständlich zu machen, ihn geradezu frustriert. Alles in allem bedauert er, nach Spanien gekommen zu sein: «Debo admitir que había sido muy ingenuo, imaginándome que en España encontraría el paraíso.» Auch fragt

4 Andrés-Suárez, Irene / Kunz, Marco /d'Ors, Inés (Hrsg.): La inmigración en la literatura española contemporánea. Madrid [Verbum], 2002, 8.

5 Díaz Aguado, María José: Escuela y tolerancia, Madrid [Pirámide] 1996, 24f.

6 Pozzo, María Isabel (Hrsg.) (2009): Migraciones y formación docente, aportes para una educación intercultural, Bern u.a. [Lang], 16f.

er sich, ob er sich selbst glücklich schätzen darf bzw. ob den Ertrunkenen ein besseres Los zugefallen ist.

Ich möchte darauf hinweisen, dass diese Überlegungen konstruiert sind, um eine Diskussion zu veranlassen. Hier sollen vor allem die begründeten oder unbegründeten Motive fokussiert werden, die die Einwanderer zur Einreise nach Europa bewogen haben.

Saíd erzählt anschließend, wie er sich durchschlägt, zunächst als Bauarbeiter, dann als Gehilfe im Gewächshaus. Zum Schluss beteuert er, dass er seine Familie vermisst, weshalb er angefangen hat, Geld für die Rückreise zu sparen.

Der Vergleich mit Abdels Schicksal liegt auf der Hand:

- Ambos provienen de Marruecos, pero Abdel es tuareg, Saíd es de la costa (Tánger).
- Abdel es mucho más joven y más culto que Saíd. Abdel ha leído muchos libros y habla el español perfectamente, Saíd no sabe español y tiene que aprenderlo poco a poco.
- La llegada de ambos es muy parecida. Ambos sobreviven al naufragio. Al principio pasan hambre, pero después encuentran trabajo como ilegales.
- Saíd decide volver a su patria voluntariamente. Abdel y su padre al principio no quieren volver a Marruecos. Después, no les queda otra alternativa que aceptar que el padre sea devuelto a las autoridades de Marruecos.
- Abdel se involucra en los negocios de Meléndez, Saíd tiene la ventaja de no meterse en graves problemas.
- Las perspectivas de Abdel son mucho mejores que las de Saíd, en vista de que domina el español y recibe ayuda de sus amigos y del Centro de Menores.

Saíds Entscheidung in seine Heimat zurückzukehren muss genau gewürdigt werden. In erster Linie müsste man die abwägende Operation rekonstruieren (Antes de tomar una decisión, Saíd ha sopesado los pros y los contras de volver a su patria. Haz una lista con los distintos aspectos y explica cómo ha llegado Saíd a tomar su decisión). Anschließend soll diese Entscheidung kommentiert werden, wobei die SuS begründen sollen, warum sie Saíds Plan befürworten (oder nicht).

Yo no tener papeles

Dieses fiktive Zeugnis fokussiert die fehlenden Sprachkenntnisse der Einwanderer. Die Überschrift in gebrochenem Spanisch soll dieses Unvermögen widerspiegeln und darf nicht als Parodie betrachtet werden.

Der Ich-Erzähler, Jean-Daniel, kommt aus Abidjan in der Elfenbeinküste und erinnert sich an seine Kindheit. Er gibt an, mit dem berühmten Fußballer Drogba gespielt zu haben, und erzählt, dass er ursprünglich Marseille erreichen wollte. Unterwegs wird er jedoch in der Nähe der Küste Spaniens rausgeworfen.

Dort wird er von der Guardia Civil aufgelesen und in einem Flüchtlingslager untergebracht. Da das Lager überfüllt ist, werden viele Flüchtlinge entlassen, sodass Jean-Daniel und seine Freunde auf sich allein gestellt sind. (Diese Maßnahme erfolgte tatsächlich häufig in Andalusien und Murcia.) Jean-Daniel schlägt sich irgendwie durch, obwohl er kein Wort Spanisch versteht. Bald muss er lernen, dass er auf die Frage der Arbeitgeber: «Eh tú, ¿tienes papeles?» negativ antworten muss: «Yo no tener papeles». Denn es ist offensichtlich, dass die Arbeitgeber auf dem Schwarzmarkt nur undokumentierte Arbeitskräfte beschäftigen.

Trotz der harten Lebensbedingungen bleibt er zuversichtlich. Nach der Arbeit im Gewächshaus spielt er manchmal Fußball mit seinen Gefährten, und sie scherzen untereinander: «Eh tú, ¿tienes papeles?» – «Yo no tener papeles». Aber ihr Leben ist sehr frustrierend, sie dürfen sich nicht in die Stadt wagen, um nicht ertappt zu werden. Deswegen fasst er den Entschluss, in seine Heimat zurückzukehren.

- Die Hauptfigur in Lormans Roman *La aventura de Saíd* wird differenzierter dargestellt. Folgende Aspekte könnten hervorgehoben werden:
- Zunächst ist die Überfahrt in beiden Fällen sehr ähnlich. Saíd und seine Gefährten werden kurz vor der spanischen Küste ihrem Schicksal überlassen. (Der Chef der *patera* und sein Gehilfe, ein gewisser Sherif, zwingen die Ahnungslosen dazu, das Boot zu verlassen und bis zur Küste weiter zu schwimmen.) Saíd wird von einem Fischerboot gerettet und es gelingt ihm, die Küste Almerías zu erreichen.
- Saíd ist ebenso sehr nachdenklich und sentimental. So räumt er ein, dass er Heimweh hat.
- Im Dorf Mójacar begegnet der verzweifelte Saíd María und ihrem Freund Carl, zwei Aussteigern, mit deren Hilfe er es bis Barcelona schafft.
- Dort lernt er Hassan und Ahmed kennen, und da Saíd gut trommelt, darf er in ihrer Band (Baraka) spielen. Um seinen Lebensunterhalt auf ehrliche Art und Weise zu verdienen, verkauft Saíd Teppiche.
- Bald lernt Saíd Ana kennen, eine Studentin der Journalistik, die sich für Marokko und die Einwanderung interessiert. Sie verlieben sich ineinander (LAS, 70).
- Außerdem arbeitet er in einem Bauernhof als Tagelöhner (bracero).
- Ana und Saíd werden Opfer eines ausländerfeindlichen Übergriffs. Beide sagen vor Gericht gegen die Angreifer aus. Saíds Aussage bedeutet jedoch, dass er sich als illegaler Einwanderer ausweisen muss und anschließend des Landes verwiesen wird.

Los límites de la ficción

Im ersten Absatz dieser Rezension werden der Aufbau der Handlung und die Vorgeschichte Abdels kurz skizziert. Anschließend werden die Erfahrungen von Yasir und Abdel nach ihrer „Landung» in Spanien rekapituliert. Die zwei Absätze dürften als Inhaltsangabe ohne Spoiler-Effekt wahrgenommen werden.

Im zweiten Teil werden kontroverse Standpunkte angeführt, die eine Ablehnung des Romans suggerieren. Es sei zwar sinnvoll, dass ein spanischer Autor die illegale Einwanderung problematisiert, da die Einwanderer tatsächlich ausgebeutet werden. Allerdings werde der Leser gezwungen, Abdel sympathisch zu finden. Der folgende Satz dürfte in vielerlei Hinsicht problematisiert werden: «En primer lugar, Abdel es un personaje inverosímil y no corresponde al estereotipo del inmigrante, ya que habla español correctamente y es muy respetuoso y educado.» Demnach sei Abdel eine sehr unglaubwürdige Figur. Sie entspreche nicht dem Stereotyp des Einwanderers. Damit müsste man diesen Stereotyp zum Thema machen.

Außerdem sei der Ausgang unwahrscheinlich. Abdel verkörpere ethische Prinzipien und sei ein einwandfreier Held. Der Standpunkt wird zugespitzt: «Entonces tenemos al inmigrante como un personaje luminoso, y a los adultos españoles como mafiosos y corruptos.» Die Aussage dürfte als grobe Verallgemeinerung entlarvt werden. Es ist zwar richtig, dass Abdel in ein positives Licht gerückt wird, aber nicht alle Spanier werden als kriminell dargestellt. Man dürfte auf die Betreuerin in Abdels Heim denken. Das bedeutet, dass die SuS durchschauen müssten, dass der Autor um jeden Preis seinen Verriss begründen möchte, auch mit Scheinargumenten.

Nicht nur in Spanien, auch in Deutschland kann es passieren, dass die SuS die Sinnhaftigkeit der Auseinandersetzung mit dieser Lektüre hinterfragen. Es würde sich empfehlen, diese Rezension zu besprechen, um gängige Scheinargumente durch die Lerngruppe entkräften zu lassen.

Die Auseinandersetzung mit dem Titel dürfte den Sinn von Literatur thematisieren: Unterhaltung, Bereicherung, jedoch ohne indoktrinierende Absicht.

Deja a Carmen en paz

Diese Erzählung lehnt sich an eine Filmszene aus *Las Cartas de Alou* von Montxo Armendáriz an. Ein Vergleich der Filmszene mit dem Text bietet sich an, wenn die SuS den Film gesehen haben.

Muncef und Alou, zwei afrikanische Einwanderer, fahren zum Wochenende in das Dorf, wo Carmen wohnt. Carmen kellnert im Restaurant ihres Vaters und freut sich über den überraschenden Besuch. Daher macht sie einen Spaziergang mit den Freunden, die eine aufschlussreiche Diskussion führen. Während Muncef verdeutlicht, dass er sich in Spanien wohlfühlt, beteuert Alou, dass die Spanier sie niemals akzeptieren werden. Die Gegenüberstellung dieser Standpunkte dürfte eine gute Diskussionsgrundlage bieten.

Anschließend kehren sie ins Restaurant zurück. Der Vater spricht mit Alou und bittet ihn darum, seine Tochter in Ruhe zu lassen.

Die Situation der Einwanderer in Spanien ließe sich mit der Lage der illegalen Einwanderer vergleichen, die sich auf den Weg in die USA machen. Folgende Ähnlichkeiten sind festzustellen:

- Das Einwanderungsmotiv ist primär wirtschaftlich
- Die Fremdsprache (Spanisch/Englisch) und die fremde Kultur als Barriere
- Die Ablehnung und das Misstrauen der Inländer
- Die Ausbeutung der Arbeitskräfte und ihre Unzufriedenheit
- Das Heimweh und das Vermissen von Familie und Freunden

IV. Infancia y juventud en un mundo globalizado

Jede Generation muss sich mit den verfügbaren Medien auseinandersetzen und lernen, sich selbst in einer sich ständig wandelnden Welt zu behaupten. Die Herausforderungen der jungen Generation sind vielfältig und «die Welt da draußen» ist viel kleiner geworden. Trotzdem bleiben einige Probleme ungelöst und unverändert. Dazu gehören der Generationenkonflikt, die Problematisierung der Schule als Bildungs- und Erziehungseinrichtung, der Umgang mit Drogen, die Jugendarbeitslosigkeit und die Kinderarbeit. Hinzu kommt die rasende Entwicklung der digitalen Medien und die zunehmende Bedeutung der virtuellen Welten. In diesem Kapitel werden verschiedene Lernangebote gebündelt, die folgende Lernziele fokussieren:

Bezüglich der Kinderarbeit

Die Gründe verstehen und erläutern, warum weltweit und besonders in Lateinamerika die Kinderarbeit häufig vorkommt.
Die Konsequenzen der Kinderarbeit erläutern.
Die Situation der Kinder in Westeuropa mit anderen Kontinenten vergleichen und erläutern, warum es den Kindern hierzulande besser geht.
Die illegale Arbeit der Kinder und die Situation der Straßenkinder beschreiben und bewerten.
Die eigene Situation als vorteilhaft betrachten und die Notwendigkeit der Sensibilisierung problematisieren.

Bezüglich der Schulkritik

Die Bedeutung des Lernens als Instrument erläutern.
Das Mobbing an Schulen problematisieren.
Die eigene Schulerfahrung bewerten und würdigen.

Bezüglich des Umgangs mit Drogen

Die Gründe verstehen und erläutern, warum besonders in Lateinamerika der Drogenkonsum unter Jugendlichen häufig vorkommt.
Die Situation im eigenen Umfeld beschreiben, mit den angegebenen Beispielen vergleichen und problematisieren.
Die Grenzüberschreitung und den Kontrollverlust problematisieren.

Bezüglich des Umgangs mit modernen Medien

Die virtuelle Welt als eine Konstruktion problematisieren, die die eigene Identität neu definiert und verändert.
Die Gefahren der sozialen Netzwerke und die Echtheit des sozialen Lebens problematisieren.

El chico de facebook

Die Ich-Erzählerin Alicia erzählt ihre Vorgeschichte und erklärt, warum sie einen Fake-Account bei Facebook einrichtet. Dort kontaktiert sie Roberto, den sie für einen gutaussehenden jungen italienischen Mann hält. Monatelang tauschen sie sich aus, bis sie ihn um ein Treffen bittet. Er schlägt vor, sich bei ihr zu treffen, aber sie ist klug genug, ein Treffen in einem Café zu vereinbaren. Dort entpuppt sich Roberto als ein älterer Herr, der über sein kaputtes Eheleben erzählt. Am Ende fragt er sie, ob sie einen festen Freund habe.

Alicia und Roberto sind sehr ähnliche Figuren. Sie haben ein geringes Selbstwertgefühl und schaffen sich eine falsche Identität, weil sie sich für nicht interessant genug halten. Deswegen ist ihr echtes soziales Leben sehr arm, eigentlich sind sie sehr einsam. Sie sind sehr naiv, denn sie glauben, dass sie mithilfe der sozialen Netzwerke neue Leute «kennenlernen» können. Es ist zudem bedenklich, dass Roberto sich für Frauen zu interessieren scheint, die signifikant jünger sind als er.

Der erste zu problematisierende Satz lautet: «Ese fue el comienzo de una amistad.» Die SuS sollen erläutern, ob und inwiefern der Kontakt zwischen Alicia und Roberto als eine Freundschaft anzusehen ist.

Zweitens muss man problematisieren, wie man eine Identität konstruiert: «Roberto es mi invención. ¿Te he decepcionado?» Und schließlich müsste man erkennen, dass die Tatsache, dass es virtuelle Welten gibt, das Lügen nicht rechtfertigt, wie Roberto meint: «Vivimos en un mundo virtual, lleno de apariencia.» Darüber hinaus muss man problematisieren, inwiefern Kinder und Jugendliche in eine solche Falle hineintappen können.

El sueño de Tarcisio

Vorab muss verdeutlicht werden, dass die Kinderrechte und die Schulpflicht in ganz Lateinamerika gelten, jedoch für die meisten nur auf dem Papier. Leider ist es so, dass der Staat die Durchsetzung der Schulpflicht nicht kontrolliert, und ein Schüler weniger wird nicht als Verlust, sondern als kurzfristig Erspartes gedeutet. Zudem werden viele Kinder von mittellosen Eltern als Arbeitskräfte missbraucht.

Tarcisio ist ein fünfzehnjähriger Junge aus Bolivien. Zunächst berichtet er, dass er gerne Fußballspieler geworden wäre. Aber die Lebensumstände verschlimmern sich, nachdem der Vater, ein Bergarbeiter, an Silikose (Quarzstaublunge) gestorben ist. Vormittags geht er zur Schule, und am Nachmittag arbeitet er im Bergwerk. In der Schule findet er keinen Anschluss, da er als Kind eines Bergarbeiters zu den Ärmsten gehört. So muss er am Rande des Spielfelds beobachten, wie die anderen Fußball spielen.

Tarcisio befindet sich in einem Teufelskreis, ohne Chancen und ohne Aussicht auf Besserung. Nach der Arbeit kehrt er nach Hause zurück, aber er ist müde und hat wenig Licht, um die Hausaufgaben zu erledigen. Manchmal schläft er im Unterricht ein, und manche Lehrer ärgern sich, andere haben Mitleid mit ihm. Tarcisio wiederholt die vierte Klasse und verlässt die Schule mit zehn Jahren. Sein Onkel Pascual belehrt ihn und meint, von nun an sei er der Mann im Hause. Deswegen arbeitet Tarcisio den ganzen Tag im Bergwerk. Er bringt dieses Opfer vor allem für seinen Bruder Jacinto, damit er zur Schule gehen kann. Offenbar ist Jacinto der Liebling der Mutter. Aber Jacinto lernt ungern und schwänzt. Zu Tarcisios Enttäuschung lernt er neue Freunde kennen und bleibt in der Stadt, wo er als Straßenkind lebt.
Der Vergleich der Brüder Tarcisio/Jacinto und Juan/Jorge ist sehr ergiebig:

- In beiden Fällen geht es um sehr arme Kinder: Juan und Jorge leben in einer Großstadt in Mexiko, aber sie bewohnen ein verlassenes Geschäft; Tarcisio und Jacinto wohnen in der Nähe eines Bergwerks in den bolivianischen Anden.
- Juan ist der Überlegene, obwohl er jünger als sein Bruder Jorge ist. Tarcisio ist älter, verantwortungsbewusster und fleißiger als Jacinto. Der Altersunterschied ist erkennbar.
- Tarcisio gibt seinen Traum auf, um für seine Familie zu arbeiten. Juan ist hartnäckig und gibt seinen Traum nicht auf: Wenn sein älterer Bruder Jorge ihn enttäuscht, lässt er ihn fallen.
- Juan und Jorge gehen nicht zur Schule und schlagen sich irgendwie durch. Juan kann lesen, schreiben und rechnen, sein älterer Bruder nicht. Tarcisio und Jacinto gehen zur Schule, aber beide hören auf, wenn auch aus verschiedenen Gründen. (Tarcisio soll den ganzen Tag arbeiten, Jacinto schwänzt und ist faul.)
- Die Vorstellung, ein junger Mensch solle Verantwortung für die Familie übernehmen, ist in den armen Bevölkerungsschichten Lateinamerikas (und Afrikas) nicht selten. Dass dadurch die Kinder ihrer Kindheit beraubt werden, ist den mittellosen Erwachsenen oftmals nicht bewusst.

Benito en la calle

Der fünfzehnjährige Benito erzählt von seiner Kindheit in Lima. Mit acht Jahren verlässt er die Schule, da er als der Älteste von vier Geschwistern Geld verdienen muss, indem er Zigaretten und Süßigkeiten verkauft. Aber da der Vater jähzornig und alkoholsüchtig ist und da der Gewinn häufig spärlich ausfällt, wird Benito oft verprügelt. Schließlich erträgt er die Situation nicht mehr und verlässt mit zehn Jahren seine Familie.

Sein Leben auf der Straße ist nicht besser. Die anderen Straßenkinder bringen ihn dazu, sich mit den Dämpfen von starkem Klebstoff (Terokal) zu betäuben. Eines Tages taucht Pater Renzo auf und erklärt ihm die Bedeutung seines Vornamens. In der Pfarrei bekommt er Essen und Verpflegung. Das Ende ist offen.

Der Vergleich erweist sich als eine recht leichte Aufgabe, denn die meisten Figuren aus *Mar de historias* hatten eine harte Kindheit, aber Benitos schlechte Erfahrungen werden kaum getoppt: einen gewalttätigen und trunksüchtigen Vater, frühes Verlassen der Schule, Leben als Straßenkind und Erfahrung mit Betäubungsmitteln.

Der Brief sollte eine Hilfe zur Abwägung darstellen.

Lavando carro

Der minderjährige Ich-Erzähler berichtet darüber, wie sein Freund, genannt Padrecito («junger Pfaffe»), ihn um Hilfe bittet. Padrecito wäscht Autos und verdient damit etwas Geld. Der Ich-Erzähler weigert sich zunächst, denn der Fußmarsch ist anstrengend, und außerdem schämt er sich, Autos zu waschen. Sie verdienen etwas Geld, aber plötzlich werden sie von einer Gang angegriffen, die die Gegend als ihr Revier betrachtet. Zu zweit wimmeln sie die Konkurrenz ab, und man versteht dann, weshalb der Padrecito eine Begleitung benötigt hat. Mit dem verdienten Geld kaufen sie bei einer Bäckerei etwas zu essen, und da sie nicht satt werden, geben sie ihr übriges Geld für Kekse und Joghurt aus. Am Ende der Szene wird der Padrecito weinerlich und der Ich-Erzähler tröstet ihn.

Für die Vergleichsaufgabe wären die obigen Hinweise zu «El sueño de Tarcisio» sinnvoll. Der Ich-Erzähler ist eher passiv und die treibende Kraft ist der Padrecito. Hingegen ist Jorge, der ältere Bruder bei *Quiero ser*, eine passive Kraft, und seine Abhängigkeit von Juan ist deutlich. Der Ich-Erzähler und der Padrecito sind charakterlich unterschiedlich, aber sie halten zusammen, wenn es darauf ankommt: Beim Kampf lässt der Ich-Erzähler seinen Partner nicht im Stich. Die Unterschiede zwischen Juan und Jorge sind auch deutlich, Jorge lässt sich von seinen Impulsen leiten, und Juan fühlt sich von Jorge verraten, als er merkt, dass dieser etwas vom gesparten Geld gestohlen hat.

Der Film *Barrio* von Fernando León de Aranoa zeigt die trostlose Kindheit von drei Freunden in den Plattenbauten außerhalb Madrids. Javi, Manu und Rai verbringen die Sommerferien und langweilen sich. Lediglich Manu versucht, etwas Geld als Pizzalieferant zu verdienen, jedoch ohne Motorrad. Rai ist ein völlig anderer Typ, sodass er in die Kleinkriminalität gerät und von einem Polizisten erschossen wird.

Der Ich-Erzähler hat einen eher trägen Charakter und möchte sich nicht die Hände schmutzig machen, das Waschen von Autos ist unter seiner Würde. Dagegen ergreift der einfallsreiche und fleißige Padrecito die Initiative. Beide sind solidarisch und fair, sie teilen den Gewinn und essen zusammen.

¿Conejillos de Indias?

Der vorliegende Beitrag setzt die Lektüre von Jesús Carazos *El mal de Gutenberg* voraus. Auch die Lektüre von Roberto Viveros *Hello Goodbye* würde sich eignen.

Der Verfasser vermutet, dass der Autor des Romans *El mal de Gutenberg* die Entwicklung des spanischen Bildungssystems anprangern möchte. Dabei wird kurz skizziert, wie sich dieses in den letzten Jahrzehnten verändert hat, vom autoritären Modell unter Franco über die Liberalisierung in der *Transición* bis zur Durchsetzung des antiautoritären Modells in der Gegenwart. Dabei sei es bedauerlich, dass die Jugend weniger literarische Werke lese. Die neuen Medien mit ihrer erleichterten Bedienung und Zugänglichkeit würden die Fantasie der Jugendlichen beeinträchtigen. Zum Schluss wird ein Plädoyer für das Lesen von Romanen verfasst. Sie würden dazu beitragen, Empathie, den Wortschatz und analytische Fähigkeiten zu entwickeln.

Der Schlusssatz suggeriert, dass nur das Lesen von guten Büchern die Mündigkeit fördert: «Leer buena literatura es la única posibilidad de dejar de ser conejillos de Indias de nadie.» Diese fast apodiktische Aussage ermöglicht eine differenzierte Erörterung und ist insgesamt zu relativieren.

¿La Igbalización de la infancia en el Tercer Mundo?

Der vorliegende Kommentar setzt die Lektüre von Jordi Sierra y Fabras *La música del viento* voraus. Im Mittelpunkt dieses Romans steht ein indischer Junge, Iqbal, der in einer Teppichfabrik ausgebeutet wird. Der Ich-Erzähler, ein Journalist aus Barcelona, macht sich auf den Weg, um Iqbal zu suchen.

Im ersten Absatz wird die Sinnhaftigkeit des Begriffs «Dritte Welt» problematisiert. Es wird suggeriert, es gebe unvorstellbares Elend, sodass die Rede von einer vierten oder sogar fünften Welt sein kann – Welten, wo die Würde und das Leben eines Menschen nichts wert sind.

Um diese Idee zu präzisieren, wird dargestellt, wie die dortigen Kinder ausgebeutet werden: als Kindersoldaten, als billigste Arbeitskräfte, sogar als Lustobjekte. Diese Ausbeutung sei die andere Seite der Globalisierung. Der Schein verspreche Mobilität und Fortschritt, aber in Wirklichkeit ignoriert man, dass die offene Gesellschaft gefährdet wird und dass der Wohlstand in Europa auf Kosten der Ärmsten erfolgt. Daher prägt der empörte Verfasser den Begriff der *Iqbalisierung* der Kindheit in den ärmsten Ländern.

Darüber hinaus wird darauf verwiesen, dass Kinderarmut auch in den europäischen Ländern anzutreffen sei, auch wenn die Lage im Vergleich mit anderen Kontinenten nicht so schlimm sei.

Der Titel des Artikels suggeriert, das Iqbal nicht ein Einzelfall sei, sondern eher die Regel, weshalb eine Verallgemeinerung zulässig erscheint. Die SuS sollen darüber diskutieren, ob und inwiefern die Hauptthese gerechtfertigt ist.

El ruido del viento

Dieser Text soll einen Verriss des Romans *La música del viento* liefern. In der Tat ist der äußerst produktive Romanautor für seine gesellschaftskritischen und unverblümten Darstellungen berüchtigt, weshalb seine Romane häufig verrissen werden. Das hält seine Leserschaft nicht davon ab, seine Romane zu kaufen.

Im ersten Absatz wird betont, dass der neue Roman nichts Neues bringe. Das dauerhafte Thema des Romanautors seien soziale Ungerechtigkeiten, empörende Geschichten in einer alten Schwarz-Weiß-Malerei, wo die Guten den Bösen unterlegen seien.

Die auf diese Weise vereinfachte Welt biete keine Figuren, sondern Stereotype. Iqbal sei kein Charakter, sondern einer von vielen namenlosen Kindern. Alberto, das *alter ego* des Romanautors, entschließt sich, Iqbal zu retten. Seine Ehefrau, Estrella, sei als ein Schaf zu betrachten, da sie es nicht schafft, Alberto von seinem hirnrissigen Plan abzubringen: «Para Jordi Sierra las mujeres sólo juegan roles accesorios de secretaria, sólo están de adorno.» Alberto sei einerseits eine Art katalanischer Odysseus, ein neuer Superman, voller Entschlossenheit und Tatendrang. Auf der anderen Seite habe dieser Alberto auch depressive, zögernde Phasen, weshalb von einer manischen Depression auszugehen sei.

Schließlich wird die moralisierende Wirkungsabsicht des Verfassers angeprangert. Man dürfe die Jugend nicht dermaßen mit dem fremden Elend schockieren, da es nicht deren Aufgabe sei die Welt zu retten oder sich zu engagieren. Denn wer es riskiere, einem Armen zu helfen, laufe Gefahr, selbst bestohlen zu werden.

Die Bearbeitung der zweiten Aufgabe setzt die Charakterisierung der Hauptfigur im Unterricht voraus.

Die für die dritte Aufgabe hervorgehobene Aussage ist als verallgemeinernde, überspitzte Formulierung zu problematisieren, denn es ist falsch zu suggerieren, dass Hilfsbedürftige gefährlich seien und einen bestehlen würden.

Después del botellón, a la disco

Dieser Text ist recht kurz und könnte schon in der Mittelstufe eingesetzt werden (A2-B1). Es wäre sinnvoll, das Phänomen des *botellón* besprochen zu haben. (Die meisten Lehrwerke thematisieren dies im dritten Lernjahr.) Ergänzend zum Text könnte man aktuelle Statistiken zum Drogenkonsum unter Jugendlichen heranziehen.

Zuerst wird der Bericht Monchos angeführt. Dieser spanische Junge habe sich daran gewöhnt, nach dem Trinkgelage (*botellón*) mit seinen Freunden in die Disco zu gehen. Dort habe er angefangen Ecstasy-Pillen einzunehmen.

Dann erzählt Josefina über ihre Erfahrung. Mit 18 Jahren hat sie schon ein zweijähriges Baby (im Übrigen keine Seltenheit in der armen Bevölkerung). Sie habe Alkohol getrunken, sei in die Disco gegangen und habe nach der Einnahme einer Pille einen Filmriss gehabt.

La droga no soluciona mis problemas

Parallel zum vorherigen Text werden hier die schlechten Erfahrungen dargestellt, die zwei Jugendliche aus Kolumbien gehabt haben.

Enrique aus Cali stellt in einem Rechtfertigungsversuch fest, dass die Drogen allgegenwärtig seien. Er habe damit angefangen, da er Stress in der Familie gehabt hätte. Dann meint er, dass die Jugend permanent unter Druck stehe. Zunächst habe er wenig konsumiert, allmählich habe sich sein Konsum aber erhöht. Zum Glück nahm er an einem Entzugsprogramm teil. Er stellt fest, dass die Drogen seine Probleme nur verschlimmert hätten.

Der zweite Fall ist Teresa, eine Achtzehnjährige, die schon ein zweijähriges Kind hat. Sie sei häufig am Wochenende mit ihren Freunden unterwegs gewesen, aber nachdem sie schwanger geworden sei, hätten diese sie links liegen lassen. Teresa schämt sich, denn sie weiß nicht, wer der Vater ihres Kindes ist.

Perdiendo el control

Der Alkoholkonsum unter deutschen Jugendlichen ist in den letzten Jahren erfreulicherweise zurückgegangen, aber in manchen Regionen ist er nach wie vor hoch. Anhand des vorliegenden Beitrags kann man einen Vergleich mit anderen Lebenswelten anregen. Peters Satz, er habe alles unter Kontrolle, soll problematisiert werden.

Pilar solo quiere divertirse

Im Mittelpunkt der folgenden Ich-Erzählung stehen die Erfahrungen Pilars, einer Schülerin der Sekundarstufe in Spanien. Sie berichtet über die intensiven Wochen, die sie verlebt habt, zwischen dem ständigen Leistungsdruck und dem Bedürfnis, einen Ausgleich zu finden. Der Druck wird nicht nur durch die Schule und die zu schreibenden Klausuren bestimmt, sondern auch durch die Mutter als Kontrollinstanz.

Ihr Freund Felipe ist für sie zunächst ein Halt. Pilar berichtet, dass sie ihn schon aus der Grundschule kenne und dass sie erst in den letzten Sommerferien zusammengekommen seien. Auch wenn der Vater die Beziehung argwöhnisch betrachtet, sagt er nichts anderes als die Mutter, die schon das Scheitern der Beziehung zu prophezeien wagt.

Das Feiern am Wochenende wird fortgeführt, bis Felipe ihr einmal vorwirft, «für ein Mädchen» zuviel zu trinken. Pilar versteht die aufrichtige Sorge ihres Freunds nicht und reagiert erbost. Felipe versucht, sie zu beschwichtigen und teilt ihr mit, sogar ihre Mutter würde seine Meinung teilen. Pilar fühlt sich hintergangen und beschließt, Schluss zu machen.

Einige Tage später sucht sie den Kontakt zu Felipe und versucht, die Beziehung zu retten. Aber für Felipe ist die Sache klar. Er möchte nicht zusehen, wie sie sich ihre Zukunft verbaut.

Die Erzählung enthält zahlreiche Aussagen, die im Plenum besprochen werden könnten. Man kann durch diesen Bericht indirekt den eigenen Alkoholkonsum reflektieren. Da Pilar offensichtlich haltlos ist und ihre Grenze nicht kennt, verdeutlicht die dargestellte Situation, dass im Rausch Dinge gesagt und getan werden, die im Nachhinein Beziehungen zerstören können. Zudem kann Felipes Standpunkt problematisiert werden. Auch kann man fragen, ob Felipe sie wirklich liebt, da er sie offenbar fallen lässt, wenn sie einen Halt braucht.

Die Geschichte eignet sich für einen kreativen Zugang, da sie offen ist. Die SuS könnten eine Fortsetzung schreiben, die Geschichte aus einer anderen Perspektive (Felipe, Mutter) erzählen oder einen Brief an Pilar verfassen.

V. México

Die zentrale Rolle dieses Landes begegnet uns ständig in den Lektüren zum Thema *Migraciones*. In diesem Kapitel wurden Texte zusammengetragen, die sich konkret auf die mexikanische Lebenswelt und Kultur beziehen. Die Lernziele bewegen sich hauptsächlich im Bereich des interkulturellen Lernens.

México en la encrucijada

Dieser anspruchsvolle Aufsatz setzt die Behandlung einer Unterrichtseinheit zum Thema Mexiko in der 10. Klasse voraus.

Zunächst wird die Schlüsselrolle dieses Landes hervorgehoben. Tatsächlich dient Mexiko als Drehscheibe zwischen Spanien und Lateinamerika und als Brücke zwischen den USA und Lateinamerika. Es wird suggeriert, die Lateinamerikaner würden die USA eigentlich mit mexikanischen Augen wahrnehmen. Auf der anderen Seite gibt es große Herausforderungen, wie z.B. die Demokratisierung, der Kampf gegen die Kriminalität und die sog. Drogenbarone. Wegen der Perspektivlosigkeit seien viele Mexikaner dazu gezwungen auszuwandern.

Die Schwierigkeiten in Mexiko betreffen auch Spanien, weil diese Länder auf eine besondere Art und Weise miteinander verschränkt sind – nicht nur wirtschaftlich, sondern auch kulturell. Daraus erwachse die Verpflichtung der spanischen Regierung, Mexiko in seinem Kampf gegen die Drogenkartelle zu stärken. Abschließend wird erwogen, das Drogengeschäft zu verstaatlichen und den Drogenkonsum zu legalisieren.

Ausgehend von diesem Aufsatz könnten die SuS den Auftrag erhalten, darüber zu recherchieren, inwiefern die mexikanische und die spanische Wirtschaft miteinander verschränkt sind. Eine Diskussionsrunde zum Thema Legalisierung wäre sinnvoll.

Juanito en la encrucijada

Der in Tijuana geborene Juanito schielt gerne zum benachbarten San Diego hinüber. Er beschreibt die Städte als Zwillinge, als den Kontrast zwischen Arm und Reich. Tijuana sei laut, chaotisch, grau und schmutzig, San Diego sei leise, grün, ordentlich und sauber. Leider wächst Juanito verwahrlost auf und sein Vater schickt ihn raus, damit er zum Familienunterhalt beiträgt. Ohne Schulbildung bleibt ihm nichts anderes übrig, als bei einem Drogenboss anzuheuern, der ihn damit beauftragt, zwischen Tijuana und San Diego als Paket-Courier zu pendeln. Juanito ist mit dieser Lebenssituation sehr unglücklich.

Carta de un lector desilusionado

Die Bearbeitung dieses erdachten Leserbriefs setzt voraus, dass man mindestens zwei Erzählungen aus Cristina Pachecos *Mar de historias* gelesen hat.

Der Verfasser heißt Pedro Juárez Tizoc, geboren in Guanajuato, und mittlerweile in den USA eingebürgert. Seine Hauptthese lautet, dass Cristina Pacheco in ihren Geschichten gescheiterte Existenzen und zerstörte Seelen darstellt. Er hat das Gefühl, dass nur die Armut und die schwierigen Startbedingungen der Figuren hervorgehoben werden, sodass ihre Würde nicht richtig zum Ausdruck kommt. Er räumt ein, eine ähnliche Sicht gehabt zu haben, aber mit der Zeit habe er erkennen müssen, dass jedes Schicksal individuell und einzigartig ist – und daher nicht stereotypisch betrachtet werden kann. Er würdigt den Schritt der Einwanderer in ein neues Leben und wirft der Autorin vor, aus der Perspektive der privilegierten Oberschicht zu schreiben: «Usted, que nació en una familia acomodada y que tuvo una educación de calidad, ahora nos cuenta a nosotros una historia que no es nuestra.»

Schließlich wird auf die Heimatlosigkeit der Einwanderer hingewiesen, die weder in Mexiko noch in den USA zu Hause sind.

Die Aussage, die Würde der Einwanderer werde angetastet, ist überzogen. Gerade in den Erzählungen gibt die Verfasserin den Figuren eine Stimme. Außerdem darf man nicht vergessen, dass die Erzählungen Fiktion sind.

Die SuS sollen die letzte Aussage vertiefen und erklären, weshalb sich die Einwanderer weder in ihrer alten noch in ihrer neuen Heimat wohlfühlen. Anschließend könnten sie Empfehlungen und Ratschläge formulieren, um mit dieser Situation umzugehen.

Una noche de insomnio

Diese Erzählung hat ähnliche Motive wie *El insomnio de los padres*. Der Erzähler in der dritten Person setzt mit Hilarias Schlaflosigkeit an. Ihr Freund Juanito bittet sie in einem Brief, mit ihm zu kommen und ihn zu heiraten. Hilaria ärgert sich und ist ratlos. Plötzlich klopft die Mutter an die Tür und tritt herein. Sie ahnt, weshalb ihre Tochter wach ist, und spricht sich gegen Juan aus, weil dieser unbedingt auswandern möchte: «Te necesitamos aquí en México.» Für die Mutter ist der bodenständige Apotheker Antonio die bessere Wahl, auch wenn er wesentlich älter als ihre Tochter ist. Hilaria denkt, es sei ein sinnloses Anliegen, aber die Mutter drängt sie dazu, sich an Antonio zu wenden und die Heirat zu arrangieren. «Cuando te cases, se acabarán tus problemas.»

Marcia, die Protagonistin der Erzählung «Desde el Norte», ist eine junge Mexikanerin, die heiraten möchte. Die Mutter ist aber der Meinung, dass sie den Segen ihres älteren Bruders Anselmo benötigt, denn dieser trägt mit seinen Geldüberweisungen aus Oregon maßgeblich zum Familienunterhalt bei. Marcia ist das zuviel, und sie denkt, dass es ausreicht, wenn ihre Eltern ihr Einverständnis geben.

Marcias Mutter findet eine Strategie, um die Hochzeit ihrer Tochter zu verzögern. Bei Hilaria hingegen erreicht die Einmischung der Mutter eine höhere Stufe, denn sie gibt ihrer Tochter vor, wen sie zu heiraten hat.

La misión del calvinista

Die Behandlung dieser kritischen Rezension setzt die Kenntnis des Films *Quiero ser* voraus. Zudem muss erläutert werden, worin der Calvinismus besteht, denn hierbei wird die Dichotomie zwischen Calvinismus und Katholizismus schlicht vorausgesetzt.

Für den Verfasser sei es sofort klar gewesen, dass der Regisseur dieses Kurzfilms kein Mexikaner sein konnte, denn die Botschaft sei nicht typisch mexikanisch. Er habe zunächst vermutet, der Regisseur sei ein Amerikaner, der eine belehrende, zivilisierende Absicht verfolge. Zu seinem Erstaunen habe er festgestellt, dass Florian Gallenberger ein Deutscher ist. (Hierbei kann man gut beschreiben, wie negative und positive Vorurteile funktionieren: Für die Mexikaner sind die Nachbarn «unten durch», die Deutschen werden jedoch mit Wohlwollen betrachtet.)

Die Handlung in *Quiero ser* sei wenig plausibel. Der Verfasser kann sich nicht vorstellen, dass ein Mexikaner (Achtung, Sterotyp!) bzw. ein mexikanischer Junge in der Lage sein könnte, aufgrund einer Enttäuschung den Bruder fallen zu lassen. Der Mexikaner sei liebenswürdig und sentimental, er könne nicht so grausam wie Juanito sein.

Eigentlich komme hier das calvinistische Denken zum Tragen. Es wird der Eindruck vermittelt, dass der fleißige und moralisch integre Juanito im Leben Erfolg und Wohlstand erreichen wird, während der diebische Jorge das Leben eines Bettlers führen muss. Die Botschaft sei vom kapitalistischen Denken geprägt.

Die Bearbeitung dieser Einheit könnte mit den Fächern Religion und Politik-Wirtschaft verknüpft werden. Die hier geäußerten Vorurteile und Stereotype müssten besprochen und problematisiert werden. Die SuS müssten erörtern, ob sie die Hauptthese befürworten oder ablehnen.

VI. Argentina

Das Land Argentinien kommt nicht gesondert als thematischer Schwerpunkt vor, wird aber häufig in den Vordergrund gerückt, wenn man «Opresión y emancipación: Caminos hacia la democracia» behandelt. Die Erzählungen von Elsa Osorio, Jordi Sierras «Memoria de los seres perdidos» und Filme wie *La Historia Oficial* und *Memoria del Saqueo* gehören mittlerweile zum Standardrepertoire, um den Weg aus der argentinischen Diktatur (1976-1983) über die Wirtschaftskrise Ende der 90er zu rekonstruieren.

Die Konflikte zwischen Arbeitern und Großgrundbesitzern spitzte sich in Argentinien mit der zunehmenden Industrialisierung zu, und die Entwicklung eines Sozialismus von oben, gemäß der Vorstellungen des Peronismus, konnte die sozialen Spannungen nicht entschärfen. Die Angst der USA, der Kommunismus würde Südamerika wie ein Kartenspiel erobern, führte zum resoluten Eingriff des Militärs, das in den 70er Jahren nicht nur in Chile, sondern auch in Argentinien die Macht übernahm. Diese konservativen Diktaturen wurden geduldet und versuchten, den sozialen Frieden herzustellen, indem sie die linksgerichtete Opposition konsequent verfolgten. Leider wurden dabei, objektiv betrachtet, viele Verbrechen gegen die Menschheit im Namen der Staatsräson begangen, und die Listen der Verschwundenen könnten jederzeit aufgerufen werden.

Die Behandlung dieser traurigen Historie im Spanischunterricht ist von Bedeutung,

1. weil die hispanoamerikanischen Länder Diktaturen überwinden mussten, deren Nachwirkung immer noch nicht ganz aufgearbeitet werden konnte.
2. weil die historischen und politischen Erfahrungen das kollektive Gedächtnis und somit Denken und Sprache prägen. Man müsste dabei bedenken, dass Spanien sich jahrzehntelang mit der Last der autoritären Vergangenheit quälen musste, und trotz der erfolgreichen Demokratisierung sind die Wunden des Bürgerkriegs allgegenwärtig.
3. Dieser Schwerpunkt bietet außerdem die Möglichkeit, mit den Fächern Geschichte und Politik-Wirtschaft zu kooperieren.

Una historia sin moral

Diese Rezension setzt die Behandlung des Romans *Tuya* von Claudia Piñeiro voraus. Das Erzählwerk besteht aus Fragmenten, die keinen Roman ausmachen. Die Rede ist daher von einer «novela incompleta». Dieses Werk sei auch nicht als postmoderner Roman einzustufen, denn es gebe zu wenige Stimmen und die Perspektiven von wichtigen Figuren (Alicia, Amparo, Ernesto) würden einfach fehlen. Es sei auch kein Detektivroman, denn die Detektivfigur fehle völlig.

Es sei zudem gravierend, dass die im gutbürgerlichen Milieu Buenos Aires» angesiedelte Handlung ohne moralische Dimension auskommt. Die unliebsam gewordene Geliebte wird von Ernesto totgeschlagen, die neue Geliebte, Amparo (Charo), wird von der eifersüchtigen Ehefrau kaltblütig exekutiert. Es gebe viel Schuld, aber weder Sühne noch Strafe. Der Verführer Ernesto sei der typische *macho latino*, der sich ohne große Bedenken in die nächstbeste Affäre begibt. Nachdem er Alicia totgeschlagen, verspielt er die Chance, reinen Tisch zu machen und einen Neuanfang zu wagen.

Alles in allem komme diese Geschichte ohne Moral aus. Es stimmt, dass keine Detektivfigur vorkommt, die im klassischen Sinne den roten Faden prägt. Vermutlich ist das Werk als Parodie des Detektivromans gedacht.

Tatsächlich handeln die meisten Figuren ohne Rücksicht auf Verluste, ohne moralisches Abwägen. Geleitet von ihren Launen und Impulsen torkeln sie in die nächste Katastrophe.

Tú ya no

Dieser als Rezension gedachte Beitrag setzt die Behandlung des Romans *Tuya* voraus und dient als vertiefende Ergänzung zum vorherigen Text. Der Titel enthält ein Wortspiel: «Du nicht mehr», in Anspielung an die Ablehnung des Mannes, der sich immer eine Neue aussuchen muss.

Im ersten Absatz wird die Handlung des Erzählwerks skizziert. Dabei wird Inés, die Ich-Erzählerin, zutreffend charakterisiert. Anschließend wird die Hauptthese erläutert: Dieses Werk porträtiere Frauen der argentinischen gehobenen Mittelschicht, die die männerzentrierte Struktur (*machismo femenino*) vertreten und devot fortsetzen würden: erstens die Mutter der Ich-Erzählerin, da sie die Dominanz des Mannes anerkennt und die Schwäche der Frau als Rechtfertigung für Schlichen und Fallen anführt; zweitens Inés, die ihr ganzes Leben in den Dienst ihres Ehemannes stelle; drittens, die Mutter von Iván, dem Freund Lalis, insofern sie der schwangeren Lali suggeriert, die Schwangerschaft sei einzig und allein ihr Problem.

Wenn man den Roman genauer betrachtet, wird dieser *machismo femenino* tatsächlich auch von anderen weiblichen Figuren vertreten, die dem Mann völlig ergeben sind, wie z.B. von Alicia, der ersten Geliebten Ernestos, und der jüngeren Amparo, die ihre eigene Tante hintergeht.

El dilema de Liliana

Die Bearbeitung der unten gestellten Aufgaben setzt eine gute Kenntnis der Figur Lali (*Tuya*) voraus. Die Ich-Erzählerin, Liliana, wohnt in Lima (Zanjón, Vía Expresa, Surquillo) und ist ungewollt schwanger geworden. Die Szene besteht hauptsächlich aus einem Bewusstseinsstrom, der Lilianas Verzweiflung und Ratlosigkeit zum Ausdruck bringt.

Liliana hat Angst vor ihrem Vater, der als unehelicher Sohn zur Welt gekommen ist und sie mehrfach in dieser Hinsicht belehrt hat. Sie fühlt sich elend und einsam, und vor allem quält sie der Gedanke, wie ihr Baby heißen wird, wenn sie es behält. In Tränen aufgelöst, begibt sie sich zu einer Fußgängerbrücke, um sich hinabzustürzen. In dem Augenblick spricht sie ein junger Mann an, dem sie bereits aufgefallen war. Der gutmütige und fröhliche Rogelio merkt, dass es ihr schlecht geht, und lädt sie zu sich ein. Beide nehmen den Bus zu ihrem Viertel und plaudern.

- In beiden Fällen scheinen sich die männlichen Partner nicht für das Baby zu interessieren. Die werdenden Mütter sind ohne jegliche Unterstützung.
- Lali hatte auch erwogen abzutreiben, gewann ihr Baby jedoch lieb und behielt es.
- Lilianas Lage ist verzweifelter, denn sie ist kurz davor, sich und das Baby umzubringen.
- Guillermo und Rogelio spielen eine positive Rolle. Guillermo lernt Lali während einer Busfahrt kennen und baut sie auf. Rogelio unterbricht Liliana in ihrer schwärzesten Stunde und beide fahren mit dem Bus nach Hause.

Die SuS können nicht auf Anhieb bewerten, was es in Südamerika bedeutet, als uneheliches Kind zur Welt zu kommen. Vielleicht ließe sich die Lage mit religiös geprägten Gegenden in Deutschland vor der 68er-Bewegung vergleichen. Lilianas Vater bringt es auf den Punkt: ohne Rechte und ohne Aufstiegschancen.

Testimonio de una abuela

Die Bilder der Mütter und Großmütter der verschwundenen Oppositionsmitglieder in Argentinien gingen um die Welt. In diesem Beitrag kommt María Paz, eine fiktive Großmutter aus der Oberschicht, zu Wort, deren Enkeltochter auch verschwunden ist.

Andrea, eine junge Frau aus wohlhabendem Hause, verschwindet plötzlich. Die verzweifelten Eltern wenden sich an die Polizei und befürchten zunächst einen sexuellen Übergriff. Nach einer Woche beginnt der Vater, ein Oberst der argentinischen Armee, auf eigener Faust nach der Tochter zu suchen. In seiner Verzweiflung wendet er sich an seinen Vorgesetzten und deutet an, dass eine Verwechslung vorliegen muss. Der General erwidert, in Argentinien gebe es keine politische Verfolgung.

Tage später verschwindet auch der Vater. María Paz versucht, ihrer Tochter, die seelisch daran zerbricht, beizustehen. Aber sie selbst verwindet den Verlust der Enkelin und des Schwiegersohnes kaum. Erst dann beginnt die Großmutter, die anderen Mütter und Großmütter zu verstehen, die um ihre verschwundenen Kinder trauern.

Tatsächlich schauten die argentinische Oberschicht und die konservativen Kräfte gerne weg und ließen die Militärregierung gewähren. Zudem sind Personenverwechslungen häufig vorgekommen. Hierzulande kann das tragische Schicksal des Willi Schmid (München, 1934) das Ausmaß des Unrechts verdeutlichen, das diktatorische Regimes begehen.

Im Mittelpunkt der hierzu passenden Erzählung «Las cartas de Juan» steht Gaby, die ihren verschwundenen Zwillingsbruder Juan vermisst. Ihre Geschwister Maruja, Javier und Enrique versuchen, die psychisch labile Gaby zu trösten, die vor allem von der Ungewissheit gequält wird. Daher fälschen sie Briefe und geben vor, Juan hätte sie abgeschickt. Die Erzählung vermittelt das seelische Leiden der Verwandten, die in einer ständigen Trauerarbeit leben müssen, ohne je zu erfahren, ob der Vermisste noch lebt.

Die SuS müssten erkennen, dass es schwierig ist, Gabys Situation mit der Lage von María Paz zu vergleichen. Es wäre ergiebiger, sie mit dem Leiden der um Andrea trauernden Mutter zu vergleichen.

La historia se repite

Clara, die Ich-Erzählerin, kommt aus der Universität zurück und erfährt von ihrer aufgelösten Oma, dass ihr Vater abgeholt worden sei. Clara glaubt ihrer Oma erst dann, als klar ist, dass die Mutter zur Polizeiwache gerannt ist. Die Oma, eine gebürtige Spanierin, bedauert ihr Leben und meint, es wäre besser gewesen, nach dem Bürgerkrieg in Spanien geblieben zu sein. Ihr Ehemann sei für die Republik gefallen und sie habe beschlossen, mit den Kindern nach Argentinien auszuwandern. Dort habe sie versucht, ihren Sohn so zu erziehen, dass er sich ja nicht politisch engagiert. Das sei ihr aber nicht gelungen. Und so hat die Oma das Gefühl, von der Geschichte eingeholt worden zu sein. Vorsichtshalber schlägt sie Clara vor, zu ihrer Tante in Mendoza zu ziehen, um dort unterzutauchen.

- Die Oma ist eine tatkräftige, eloquente und entschlossene Frau. Für sie geht die Familie vor, und sie versucht, ihren Sohn in diesem Sinne zu erziehen. Allerdings ist sie realistisch, denn aus dem Vergleich von Gegenwart und Vergangenheit folgert sie, dass Ungutes passiert sein muss. Außerdem versucht sie zu retten, was zu retten ist.
- Clara ist eine kluge junge Frau, die aus allen Wolken fällt, als sie die Nachricht ihrer Oma erhält. Sie ist sehr einfühlsam und versucht vergeblich, die Oma zu trösten. Eine gewisse politische Naivität ist erkennbar, da sie zunächst meint, solche Untaten würden in Argentinien nicht passieren.

No culpo a nadie

Die Bearbeitung der gestellten Aufgaben setzt die Behandlung des Films *La historia oficial* voraus.

Francesco Bertoni berichtet über sein Leben und seine Adoptiveltern, die er in seinem Herzen für seine echten Eltern hält. Schon in seiner Kindheit sei ihm die fehlende Familienähnlichkeit aufgefallen. Auch sei er vom Charakter her anders als seine Adoptiveltern. Aufgrund eines Unfalls erfährt er mit 14 Jahren, dass sie verschiedene Blutgruppen haben und nicht biologisch verwandt sind.

Sein Adoptivvater habe ihn daraufhin aufgeklärt. Er habe ihm glaubhaft versichert, dass er niemanden gefoltert hätte. Er habe zwar davon gewusst, aber nicht protestiert, aus Angst vor Repressalien. Aus Mitleid mit den Opfern habe er beschlossen, etwas für deren Kinder zu tun, und daher habe er den Jungen adoptiert. Das sei ein Weg gewesen, seinen leiblichen Eltern ihre Würde zurückzugeben, indem ihr Kind in einer Familie aufgezogen wird.

Francesco Bertoni möchte zwar in Erfahrung bringen, wer seine biologischen Eltern waren, aber alles in allem hält er das Ehepaar Bertoni für seine wahren Eltern.

- Im Film *La historia oficial* wird Gaby als neugeborenes Baby von einem Ehepaar adoptiert, Roberto und Alicia. Die Adoptionsumstände erfolgen wie bei Francesco nach dem Tod der Mutter.
- Roberto arbeitet für das Militär und befürwortet deren Durchgreifen. Während Francescos Vater vom Mitleid bewegt wird, handelt Roberto aus Eigennutz. Er nutzt die Situation aus, um den Kinderwunsch Alicias kurzerhand zu erfüllen. Alicia, Geschichtslehrerin am Gymnasium, erfährt die Wahrheit und trennt sich von Roberto.
- Gaby ist eine kindliche, unschuldige Seele, und für die Sechsjährige ist die Identitätsfrage kein Thema. Lediglich ihre leibliche Großmutter forscht nach der Wahrheit.
- Ausgehend von der Gegenüberstellung beider Fälle können die SuS das Problem vertiefen, Hypothesen über Gabys zukünftiges Verhalten formulieren und den Standpunkt Francescos kommentieren.

La historia la escriben los saqueadores

Der vorliegende Beitrag dient als große Rekapitulation und sollte erst am Ende der Unterrichtsreihe behandelt werden, am besten nach der Auseinandersetzung mit dem Dokumentarfilm *Memoria del saqueo*.

Der Verfasser skizziert die zeitgenössische argentinische Geschichte in groben Zügen. Er räumt ein, dass das Verschwinden von politischen Aktivisten nicht unbemerkt blieb, aber dass die meisten Argentinier der Hypothese glauben wollten, die Linken würden selbst die Entführungen inszenieren, um die Regierung zu diskreditieren. Für den Kampf der Opposition wäre die Tatsache verheerend gewesen, dass Argentinien die Fußballweltmeisterschaft 1978 gewann, denn das Volk wäre wie im Sinnesrausch auf das Nationalgefühl eingenordet worden. Als 1982 die Diktatur in breiten Kreisen der Bevölkerung unpopulär wurde, hätte die Regierung den Falklandkrieg riskiert, um die nationale Einheit vor einem gemeinsamen Feind zu erzwingen. Der militärische Sieg der Briten hätte den Fall der Diktatur beschleunigt.

Der Übergang zur Demokratie hätte nichts anderes als die Korruption gefördert. Die Regierung Alfonsíns sei nach der Diktatur überfordert gewesen, ihre Nachfolger hätten auf dreiste Art und Weise Gelder veruntreut und sich schamlos bereichert. Daher sei es notwendig, sich kritisch mit der Geschichte Argentiniens und speziell mit dem Dokumentarfilm *Memoria del saqueo* auseinanderzusetzen.

Der kontroverse Satz «Die Geschichte wird von den Siegern geschrieben» ist ein Leitmotiv in der Behandlung dieses Schwerpunkts. Er problematisiert die Beziehung zwischen Macht und Geschichtsschreibung, einen Diskurs, den schon Julius Cäsar zu besetzen wusste. Im Film *La historia oficial* greift Costa, ein Schüler Alicias, den Satz auf und münzt ihn um: «La historia la escriben los asesinos». Für den vorliegenden Artikel wird der Satz weiter verändert: *los saqueadores*, das sind die Politiker, die das Staatsvermögen verramscht und die argentinische Rentenkasse geplündert haben. Die Auseinandersetzung mit diesem Themas wäre in Kooperation mit dem Fach Geschichte sinnvoll, zumal auch der Geschichtsrevisionismus aktuell geworden ist.

VII. Chile

Ebenso wie Argentinien kommt Chiles neuere Geschichte zur Geltung, wenn man den Schwerpunkt «Opresión y emancipación» behandelt. Die Meinungen der Chilenen über die Diktatur Pinochets gehen auseinander, genauso wie bei den Spaniern, wenn sie den Bürgerkrieg oder die Franco-Diktatur auswerten. Das müssten wir mit Sorge betrachten, denn nach wie vor überwiegt ein Schwarz-Weiß-Denken, ein Entweder-rechts-oder-links, ohne dass eine mäßigende Mitte die Konflikte harmonisieren könnte. Die massiven Proteste der Jugend und der Studenten und Gewerkschaften im Jahre 2019 belegen, dass die soziale Ungleichheit und die Konflikte in Chile nicht überwunden worden sind.

Las peras y las manzanas

Diese positive Rezension setzt die Bearbeitung des Films *Machuca* voraus. Der Titel greift auf die Aussage der empörten Mutter Gonzalos zurück, die die Meinung vertritt, dass Reich und Arm nicht zu vereinbaren sind, da sie wie Äpfel und Birnen seien. Konkret spricht sie sich gegen den Versuch des Paters McEnroe aus, Stipendien für Kinder aus der Unterschicht zu gewähren, damit sie die englische Privatschule besuchen.

Pedro und Silvana stehen im Mittelpunkt des Films und ihre Geschichte sei tatsächlich repräsentativ. Gonzalos Rolle sei jedoch nicht plausibel, im Unterschied zum überheblichen Robles, der die Neulinge regelrecht schikaniert. Robles verkörpere die Arroganz der chilenischen Oberschicht, die sich von der restlichen Bevölkerung abhebt, und die sich seit der Eroberung als Herr im Lande gebärdet. Der Verfasser behauptet sogar, Chile sei im Grunde ein Land, das nur in Abgrenzung zu den Nachbarländern Kohäsion erreicht.

Letzten Endes hätte sich diese eingefleischte Oligarchie gegen Allende verschworen. Der Film *Machuca* trage dazu bei, die Vergangenheit in Chile zu bewältigen. Er zeige das andere Chile, das Wege aus der Armut gesucht hätte.

Tatsächlich ist die chilenische Oligarchie in Südamerika für ihr elitäres Denken berüchtigt. Im Film verkörpern Robles, die Mutter Gonzalos und deren Liebhaber die diskriminierende Haltung der Oberschicht.

Sobre lobos y ovejas

In der vorliegenden Rezension werden negative Aspekte des Films *Machuca* hervorgehoben. Deswegen wäre es sinnvoll, diesen Beitrag mit dem vorherigen zu kontrastieren, um anschließend eine eigene Filmrezension zu verfassen.

Der Film vermittle Vorurteile und Gemeinplätze. Jede Figur verkörpere einen Stereotyp. Die Botschaft sei simpel, sie würde die Reichen verteufeln und die Armen zu Opfern stilisieren. Man verkenne, dass Allende mit den Stimmen der Christdemokraten an die Macht gekommen sei. Man würde vergessen, dass seine Regierung nicht in der Lage war, die linksradikalen Kräfte in Zaun zu halten.

Es enthalte außerdem viele unrealistische Szenen. Erstens sei es nach wie vor undenkbar, dass ein Reicher wie Gonzalo seinen Mitschüler Machuca im Armenviertel besucht. Ferner sei die Kussszene, wo die elfjährige Silvana sowohl Machuca als auch Gonzalo küsst, sehr unwahrscheinlich. Besonders verstörend sei die Erschießung Silvanas.

Damit werde suggeriert, dass die bösen Reichen und das Militär gegen die Armen vorgegangen seien. Aber die Geschichte sei weder schwarz noch weiß. Der Film *Machuca* lasse uns vergessen, dass alle schuldig sind, dass es keine Unschuldigen gebe.

Beide Rezensionen, diese und die vorhergehende, greifen gängige Argumente auf, die in Chile von den Linken bzw. von den Rechten ins Feld geführt werden. Die SuS sollen in der Auseinandersetzung mit diesen Standpunkten und Scheinargumenten eine eigene, differenzierte Sicht entwickeln und begründen.

El año de los golpeados

Der Titel greift auf das Wortfeld *golpe-golpeados* (Schlag bzw. Putsch, Geschlagene) zurück, um auf das Ende der Allende-Regierung zu verweisen. Der Ich-Erzähler berichtet über seine Kindheit. Als das chilenische Militär 1973 putschte, war er sechs Jahre alt. Der Vater habe als Tischler gearbeitet und sei sehr liebevoll gewesen. Der Mutter, einer Anhängerin der Unidad Popular, habe es missfallen, dass der Vater mit den Kindern sonntags in die Kirche gegangen ist. Sein Onkel Emilio, der in der Armee war, habe die Familie kurz vor dem Militärputsch gewarnt, aber seine Eltern hätten nicht reagiert. Nach dem Putsch habe das Militär Razzien in den Armenvierteln durchgeführt, und infolgedessen hätten sie den Vater des Ich-Erzählers mitgenommen. Das Viertel sei wie leergefegt gewesen, hyperbolisch wird behauptet, lediglich die Hunde und die Kinder seien zurückgeblieben.

Für den Ich-Erzähler, der anschließend von seinem Onkel Emilio und seiner Tante Eugenia adoptiert wurde, ist es unverständlich geblieben, warum sein Vater verhaftet wurde, denn dieser war unpolitisch und unschuldig. Die Bilder aus jener Zeit würden seinen Schmerz nur aufleben lassen.

Anhand des Films *Machuca* werden einige Aussagen bestätigt:

Die Bevölkerung war politisch militant, die Gewerkschaften prägten das öffentliche Leben. Im Film werden Kundgebungen der Linken sowie der Rechten gezeigt. Die Kinder verdienen doppelt, indem sie Flaggen sowohl für die Linken als auch für die Rechten verkaufen.

Die Engpässe in der Versorgung sind erkennbar, vor allem wegen des Treibens im Schwarzmarkt. Der Putsch war nach einem gescheiterten Versuch praktisch angekündigt. (Die linksradikalen Kräfte, die sich bewaffnen wollten, bekamen jedoch kein grünes Licht von der Regierung. Andernfalls wäre ein Bürgerkrieg ausgebrochen.)

Das Militär führte auf brutalste Art und Weise Razzien in den Armenvierteln durch (Erschießung Silvanas).

Zwei Filme, die in diesem Kontext auszugsweise herangezogen werden könnten, sind *Das Geisterhaus* von Bille August (Eichinger u.a.) und *Missing* (1982) von Costa-Gavras.

La novela de un amigo

Diese Buchbesprechung setzt die Kenntnis des Romans *Un viejo que leía novelas de amor* von Luis Sepúlveda voraus. Man könne sich fragen, warum ein chilenischer Autor einen Roman über den ecuadorianischen Regenwald verfasst. Aber man müsse sich nicht wundern, denn die Handlung spiele in einem symbolischen Raum. Der Regenwald diene als Metapher für das Zusammenleben in der Gesellschaft.

Man verweist auf die Genese des Romans. Luis Sepúlveda verdanke diese Geschichte einem befreundeten Indianer des Shuar-Stammes namens Miguel Tzenke. Die Handlung sei voller Exkurse und Abschweifungen, und man könne das letzte Kapitel als eine eigenständige Einheit lesen. Die Intention des Erzählers habe darin bestanden, den Vormarsch der kapitalistischen Gesellschaft auf Kosten der Natur anzuprangern. Tatsächlich habe ein Erdölkonzern den Lebensraum der Shuar-Indianer nachhaltig ruiniert.

In der Handlung spielt ein Ozelotweibchen die Hauptrolle. Anscheinend will das rabiate Tier sich wegen der Ermordung und Häutung seines Nachwuchses rächen. Die Dorfbewohner starten eine Expedition, um das Tier zu erlegen, aber sie müssen unterwegs erkennen, dass eigentlich sie die Gejagten sind. Das Schicksal des alten Antonio José Bolívar ist paradox, denn ausgerechnet er, der sensible Romanleser, muss abdrücken und das schöne Tier erlegen. Die Botschaft lautet, dass wir Menschen nicht nur eine, sondern hunderttausende Ozelot-Mütter töten.

Diese Besprechung soll Anhaltspunkte für eine Interpretation des vielschichtigen Romans liefern.

La familia de los animales

Diese zweite Besprechung ist eigentlich eine kommentierte (schülerfreundliche) Inhaltsangabe, sodass die wesentlichen Aspekte vergegenwärtigt werden. Zunächst wird behauptet, *Un viejo que leía novelas de amor* sei kein Roman im eigentlichen Sinne, sondern Erzählungen um das Motiv des Ozelotweibchens. Das Kunstwerk sei eigentlich der Showdown im letzten Kapitel.

Der Autor wolle uns nicht die Geschichte eines einzelnen Menschen erzählen, sondern ein Mosaik konstruieren, um den Regenwald als den Protagonisten des Romans hervorzuheben. Der Regenwald sei kein Bestandteil der Landschaft, wie normalerweise angenommen. Er sei ein Lebewesen, mit Gefühlen und Launen.

Die Shuar-Indianer sollen zwischen Natur und Zivilisation vermitteln, da sie regelrecht dazwischen leben. Die Ozelot-Mutter verkörpere die verfolgte Natur, die ihrerseits zur Verfolgerin wird. Der Roman zeige, dass wir Menschen auch Teil der Natur sind. In gewisser Weise ist die Natur unsere Mutter und die anderen Tiere sind unsere Geschwister.

VII. Madrid

Für den thematischen Schwerpunkt Madrid wird z.B. die Behandlung des Films *Barrio* (s.o.) vorgesehen, der eine trostlose Seite Madrids zeigt. Ebenso passen dazu Juan Madrids *Cuentos del asfalto* und Juan José Millás' Kurzgeschichten. Es ist möglich, diesen Schwerpunkt mit «Crímenes en la literatura» zu verknüpfen.

Las mil caras de Madrid

Der vorliegende Beitrag eignet sich als Rekapitulation und sollte erst nach der Auseinandersetzung mit «La otra cara de Madrid» behandelt werden.

Der Verfasser skizziert die zeitgenössische Rolle Madrids. Es sei die Hauptstadt der spanischen Geschichte, das Herz des kulturellen Lebens von Spanien, die postmoderne Multikulturalität. Madrid verkörpere den *sueño español*, es sei ein Versuch, viele Kulturen zusammenzuführen. Der Verfasser behauptet sogar, Madrid sei das Vorbild und die Utopie Spaniens. Alles in allem überspitzt der hier angeführte Standpunkt die Sicht des Zentralismus in Spanien.

Weit entfernt vom Stadtzentrum und von den feinen Vierteln entwickelt sich das Leben in den Plattenbauten, das am Beispiel von Ray, Javi y Manu (*Barrio*) dargestellt wird. In diesem trostlosen Umfeld haben die Jugendlichen keine Chance, etwas Vernünftiges zu lernen oder sozial aufzusteigen, um am Glanz des modernen Madrid teilzuhaben.

Das Modell der *Comunidades Autónomas* versucht dem historisch maßgeblichen Zentralstaat in Spanien entgegenzuwirken. Die zitierte Aussage ist kritisch zu betrachten, denn es vermittelt die Führungsrolle und die Vorbildfunktion der spanischen Hauptstadt. Dabei kämen die kulturelle Vielfalt und das Selbstbewusstsein der verschiedenen Regionen in Spanien zu kurz.

La cita

Die Behandlung dieser Kurzgeschichte setzt voraus, dass man *Cuentos del asfalto* gelesen hat. Eine Verknüpfung zum Schwerpunkt «Crímenes en la literatura» wäre denkbar.

Der Ich-Erzähler berichtet von seinem verhängnisvollen Aufenthalt in Veracruz. Er verbringt dort seinen Urlaub und wundert sich über seinen Nachbarn, der bei der unerträglichen Hitze auffällig schick angezogen ist. Er hält ihn für einen Bodyguard und liest weiter seinen Krimi.

Plötzlich erscheinen zwei Gestalten und gehen auf den vermeintlichen Bodyguard zu. Dieser bleibt gelassen und sagt: «Das habe ich schon mit dem Boss besprochen, Suárez.» Einer der Angekommenen bemerkt den beobachtenden Ich-Erzähler, geht auf ihn zu und schlägt ihn nieder.

Beim Aufwachen wundert sich der Ich-Erzähler über die Pistole, die er in der Hand hält. Sein Nachbar wurde erschossen, und die Polizei verhaftet den Ich-Erzähler. Beim Verhör bittet der Ermittler um ein Geständnis, denn zwei Zeugen hätten gegen den Verdächtigen ausgesagt. Der Ich-Erzähler beteuert seine Unschuld und erklärt, er sei im Urlaub. Der Ermittler betont, dass sie ihn für einen Auftragskiller halten.

– Aber du hast nicht mit Suárez gerechnet – ergänzt er –, einem unserer besten Männer.

La literatura fugaz de Juan José Millás

Der vorliegende Beitrag wurde als Rekapitulation gedacht und sollte erst am Ende der Unterrichtsreihe behandelt werden, am besten nach der Auseinandersetzung mit mindestens zwei Erzählungen von Juan José Millás. Zunächst werden die Merkmale der Erzählungen von Jorge Luis Borges hervorgehoben. Anschließend wird erläutert, welche dieser Eigenschaften auch in den Erzählungen von Millás anzutreffen sind. Erstens sei die Stadt ein beliebtes Motiv, in diesem Fall das chaotische Treiben in der Großstadt Madrid. Zweitens sei, wie bei Borges, der Rückgriff auf die griechische Mythologie erkennbar. Drittens vermittle die Literatur einen quasi-philosophischen Diskurs. Schließlich komme dem Motiv des Traums bzw. der erträumten Wirklichkeit eine Schlüsselrolle zu.

Im Grunde versuche Millás, Borges nachzuahmen, aber letzten Endes seien seine Werke weder Stadtliteratur noch fantastische Literatur.

Die Aufzählung dieser Elemente reicht nicht aus, um Millás als Borges-Epigone zu bezeichnen. Die Erzählungen von Millás sind eigenwillig und erschweren eine eindeutige Kategorisierung, denn sie enthalten post-moderne und fantastische Motive, die in einer Stadterfahrung eingebettet sind.

Die Wirkungsabsicht von Millás ist anhand konkreter Beispiele auszumachen. Seine Erzählungen sind Denkspiele, die den Leser zum (philosophischen) Denken anregen sollen. Im Grunde haben jeder Gegenstand, jeder Mensch und jede Situation eine tiefere Bedeutung, die wir nicht gleich erkennen. Der Erzähler überrascht häufig mit einer suggestiven Pointe. Die sinnliche Wahrnehmung wird als oberflächlich entlarvt, wobei der Sprache die Aufgabe zufällt dahinterzukommen, was wirklich ist.